PRÉCIS

DE

LA DÉFENSE DE VALENCIENNES,

EN 1793.

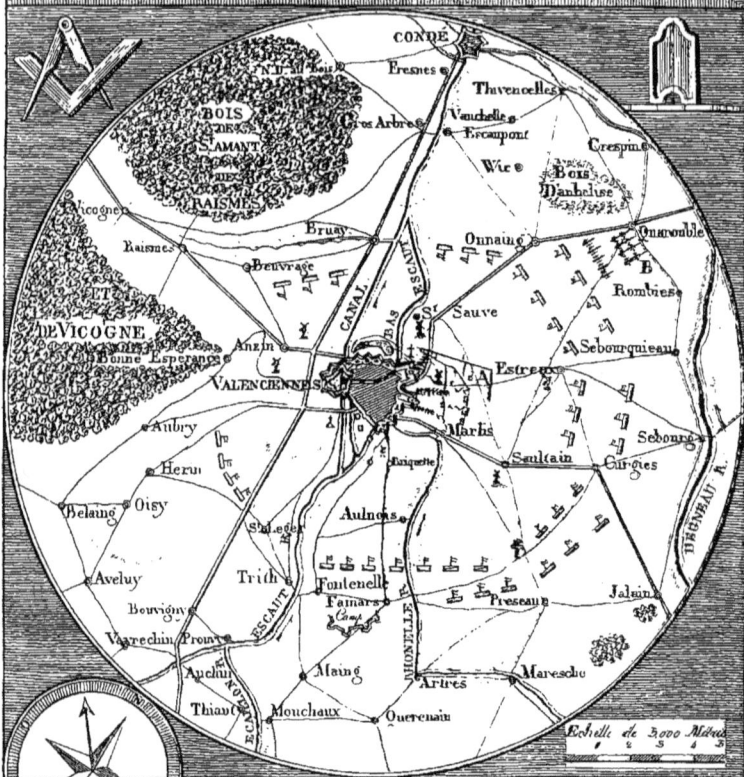

THÉÂTRE DU SIÈGE DE VALENCIENNES EN 1793

A ouvrages des assiégeants
B parc d'artillerie
troupes Anglaises
Autrichiennes

Villages
Faubourgs
G.⁰ de Routes
Chemins Vicinaux

Dressée par le Cap.ᵗⁿᵉ COSTE Ing.ᵉ Géo.ᵗᵉ & Géographe.

Echelle de 3000 Mètres

PRÉCIS

DE

LA DÉFENSE DE VALENCIENNES,

EN **1793**,

par *Jean-Henri-Bécays Ferrand*,

Général de Division, Commandant la Place.

ÉDITION CORRIGÉE,

AUGMENTÉE D'UNE NOTICE HISTORIQUE SUR L'AUTEUR, ET D'UN PLAN DU SIÉGE
DRESSÉ PAR LE CAPITAINE COSTE, INGÉNIEUR - GÉOMÈTRE ET GÉOGRAPHE.

VALENCIENNES,
CHEZ LEMAITRE, LIBRAIRE, RUE DU QUESNOY.

IMPRIMERIE DE A. PRIGNET.

1834.

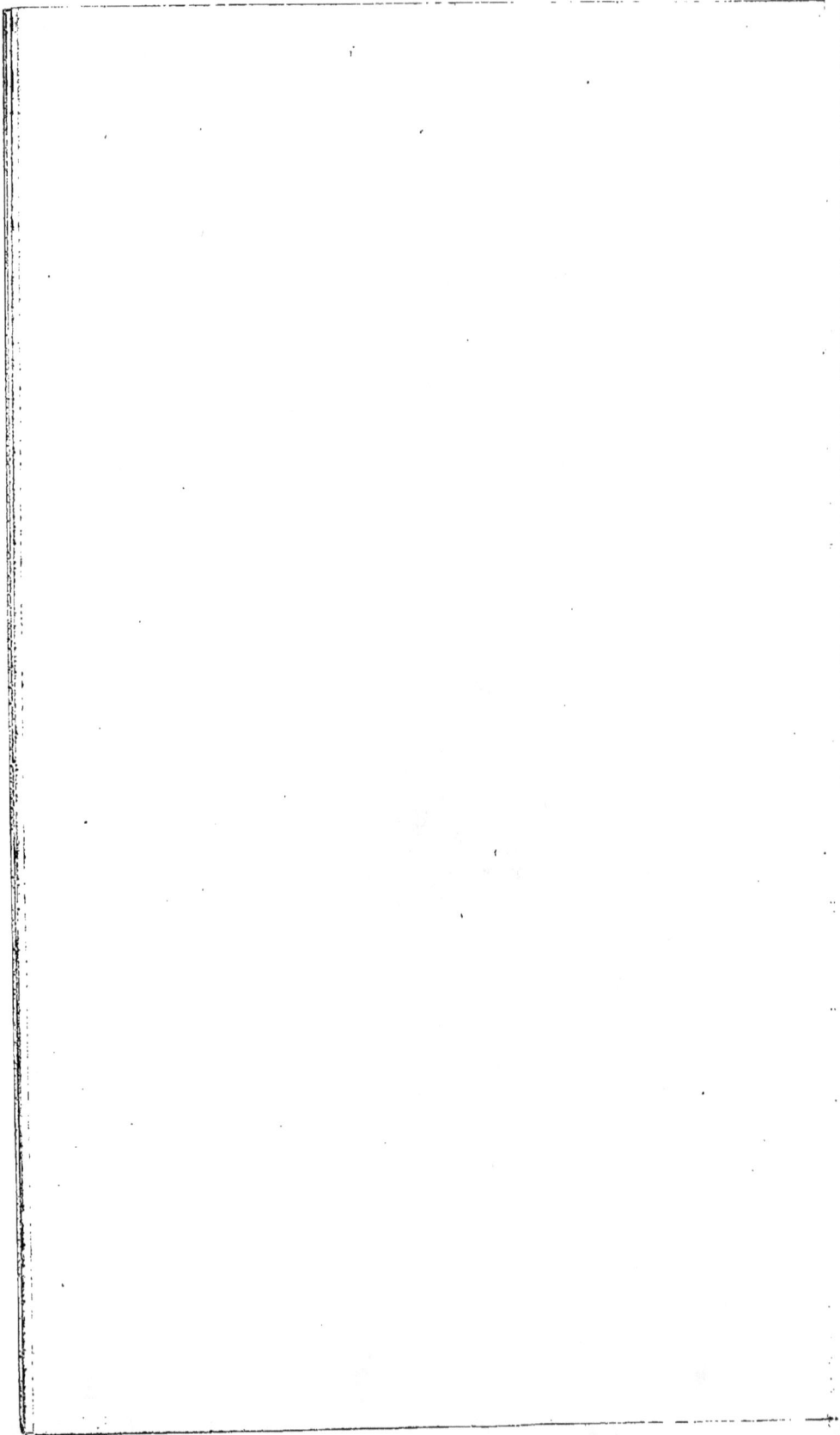

NOTICE HISTORIQUE

Jean-Henri-Bécays Ferrand,

MARÉCHAL DE CAMP.

———

FERRAND naquit le 16 septembre 1736, d'une famille noble, à Mont-Flanquin, en Agenois; entra,
fort jeune, dans la carrière des armes; obtint,
en 1746, une lieutenance au régiment de Nor-
mandie, infanterie; fit les campagnes de 1747 et
1748, et assista aux siéges de Berg-op-Zoom, du
fort Lillo, de Maestricht, et à la bataille de Lau-
feld. Blessé grièvement au combat de Closter-
camp, pendant la guerre de sept ans, il fut élevé

au grade de capitaine, en 1755, décoré de la croix de Saint-Louis, en 1767, et fait major-commandant de Valenciennes, en juillet 1775, place qu'il occupa jusqu'à la suppression des états-majors de places, en 1790. Lorsqu'en avril 1792, commença la guerre de la révolution, les habitans de Valenciennes donnèrent à leur ancien commandant une preuve de leur estime et de leur confiance, en lui déférant le commandement de la garde nationale de leur ville, où il maintint constamment le bon ordre. Nommé maréchal-de-camp, le 20 août 1792, il rejoignit l'armée du Nord, commanda l'aile gauche à la bataille de Jemmapes, et eut une grande part au succès de cette journée, en manœuvrant sur le flanc droit de l'armée ennemie, après avoir emporté à la baïonnette les villages de Carignan et de Jemmapes. Aussitôt après la bataille, il se rendit à Mons, dont il venait d'obtenir le commandement. Le 8 mars 1792, il fut fait général de brigade, et le 15 du même mois, général de division. Ayant reçu de Dumouriez l'ordre d'évacuer Mons, le 26 mars, pour se retirer avec ses troupes sur Condé et Valenciennes, il prit le commandement de cette dernière place, et, par son refus de recevoir les troupes de Dumouriez, conserva cette ville à la France. Il fit ensuite une très-belle défense contre l'armée coalisée qui, forte de 150,000 hommes, et commandée par le prince de Cobourg, le duc d'Yorck et le général

Ferrary, avait investi Valenciennes, le 5 mai.
Le général Ferrand, quoiqu'il n'eût pour garnison que 9,500 hommes de toutes armes, résista
quatre-vingt-quatre jours aux forces redouta-
bles qui l'assiégeaient, et ne capitula qu'après
avoir repoussé quatre assauts, ayant déjà trois
brèches praticables, depuis huit jours, au corps
de la place, et lorsque tout espoir d'être délivré
fut perdu. Cette défense, qui passe, avec raison,
pour un des beaux faits d'armes de la guerre de
la révolution, ne préserva pas le général Ferrand du sort commun alors aux amis comme aux
ennemis de la patrie; incarcéré pendant neuf
mois, il ne dut sa liberté qu'à la chûte de la tyrannie décemvirale. Nommé, en 1802, par le
premier consul Bonaparte, préfet de la Meuse-
Inférieure, il en fut rappelé, en 1804, pour remplir d'autres fonctions. Forcé de renoncer aux
affaires publiques, par le mauvais état toujours
croissant de sa santé, il se retira dans une propriété
qu'il possédait à la Planchette, près de Paris, et
y termina son honorable carrière, le 28 novem-
bre 1805. Quelque tems avant sa mort, il publia
son *Précis de la défense de Valenciennes. Paris,*
1805, in-8°, *chez Bidault.*

De Jullian.

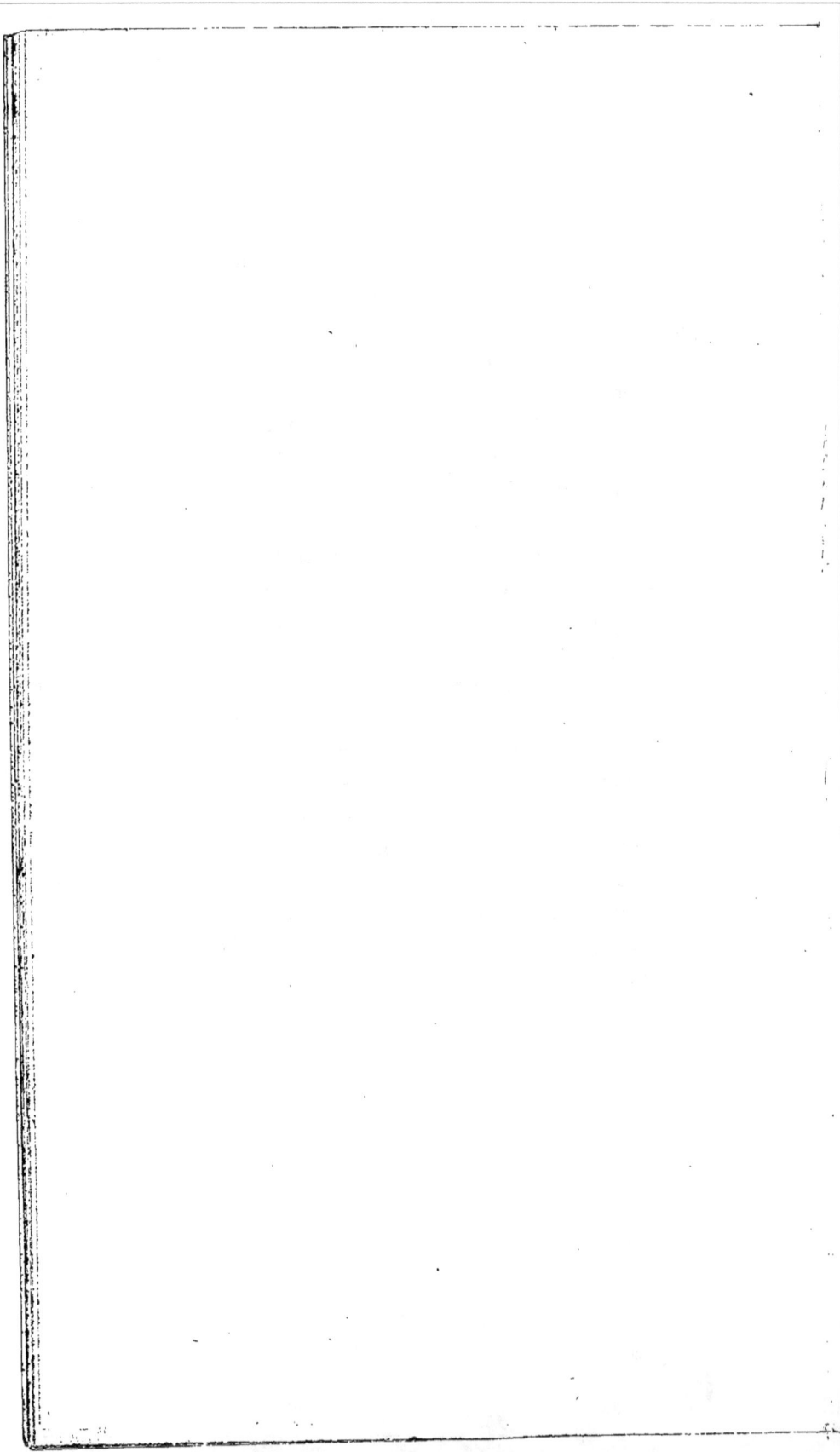

PRÉLIMINAIRES.

—◄►—

ALENCIENNES fut attaquée le 1ᵉʳ mai 1793, l'an Iᵉʳ de la République française, par une armée combinée, composée de Hanovriens, Hollandais, Hessois et Anglais, forte d'environ cent cinquante mille hommes, et commandée par le prince de Cobourg, le duc d'Yorck, et le général Ferrary, célèbre ingénieur.

Cette place fut défendue par le général de division Jean-Henri Bécays Ferrand, commandant en chef la garnison, composée de neuf mille cinq cents hommes (toutes armes comprises) * et forcée de capituler le **28** juillet **1793**, faute de secours. La majorité de la garnison, et quantité d'habitans de cette cité malheureuse, qui ont coopéré avec moi à sa vigoureuse et étonnante défense, dont l'histoire offre peu d'exemples, devaient s'attendre depuis longtems à la justice que je me proposais de leur rendre publiquement, en faisant connaître le zèle et la valeur dont ils ont fait preuve.

J'aime à croire qu'ils n'ont point désapprouvé le silence que des raisons bien puissantes m'ont forcé de garder jusqu'à présent.

A mon retour à Paris, je fus mis en arrestation jusqu'à la chûte de Robespierre, et j'ignore encore le motif qui a pu me priver de ma liberté. Par ordre du comité de salut-public, mon journal de siége m'a été enlevé avec une grande partie de mes papiers; depuis cette époque, je n'ai pu découvrir dans quelles mains ces pièces sont restées **. Il m'a donc fallu du tems pour me

---

* L'état que Ferrand a remis au conseil de guerre, portait ce nombre à 11,500, après l'incorporation dans les bataillons des déserteurs et des individus qui s'étaient laissés enfermer dans la place.

** Ferrand reçut ordre de Dumouriez, qui méditait sa trahison, de se saisir de trois Représentans du peuple, députés de la Convention. Craignant d'assumer sur sa tête une trop grande responsabilité, Ferrand convoque les notables, administrateurs et habitans de Valenciennes, leur soumet la lettre du général en chef, et appelle toute leur attention sur cet acte important. Ce conseil, ne voulant pas

rappeler, sans erreur, les principaux faits qui
caractérisent la défense de Valenciennes, et qui
me mettent à même de relever le mérite de mes
braves camarades d'armes, par les détails intéressans qu'elle renferme, et qui peuvent être
utiles à ceux qui embrassent l'état militaire. Je
n'ai point ignoré, dans toutes les circonstances
orageuses du régime révolutionnaire, la part
que leur affection leur a fait prendre aux événemens que j'ai éprouvés; j'ai dû craindre qu'en
publiant à cette époque le journal du siége, on ne
m'eût soupçonné le désir de ranimer chez eux
un sentiment que je ne voulais devoir qu'à ma
conduite, et non à des moyens qu'un homme
d'honneur doit rejeter.

Aujourd'hui, sous le règne du plus juste des
souverains, sous l'empire du plus grand des hé-

prendre un parti définitif, émet l'avis d'informer Dumouriez
qu'il y avait à Valenciennes six députés au lieu de trois, et de lui
demander s'il fallait se saisir d'eux tous. On espérait par là gagner du
tems. Ferrand écrivit en ce sens. Mais les événemens, marchant avec
la rapidité d'un torrent, ne permirent pas à Dumouriez de mener son
complot à bonne fin, il fut contraint de se déguiser en bourgeois et
de traverser l'Escaut pour passer à l'ennemi, fuyant les balles de ses
soldats indignés. On retrouva sa malle et son uniforme, dans lequel
était la lettre de Ferrand. Cette lettre, envoyée à la Convention, servit de chef d'accusation et fut cause de l'arrestation de ce brave et in-
fortuné général. On rapporte qu'appelé à la barre et confronté avec
les canonniers de la garde nationale de Valenciennes, sortis par capitulation, il eut la douce satisfaction de se voir défendre énergiquement
par ces mêmes canonniers, qui lui servirent de caution et empêché-
rent par là qu'on ne l'envoyât à l'échafaud. *(Note des éditeurs).*

ros, sous les auspices de Napoléon 1er, empereur des Français, c'est un devoir bien doux pour moi de publier le récit des circonstances principales de cette défense mémorable qui honore mes *coopérateurs*; et je puis dire hautement que, sans l'énergie des députés Charles Cochon et Briez, sans le talent de plusieurs généraux et chefs de corps, sans le mâle courage de la majorité de la garnison; enfin, sans la constance de beaucoup d'habitans, je n'aurais pu parvenir à faire une résistance aussi longue et aussi opiniâtre. *

---

* Toutes les fois que je pense au peu de justice que la Convention et le Comité du salut-public ont rendu aux habitans de la malheureuse ville de Valenciennes, mon âme s'afflige de nouveau, et conservera une plaie qni ne se cicatrisera qu'à l'époque où Sa Majesté aura pu être informée véridiquement de tous les malheurs qui ont désolé les citoyens de cette place. Dans une pétition que j'ai adressée, le 3o pluviose an 6, au conseil des Cinq-Cents, et à celui des Anciens, je réclamais une indemnité pour ceux qui avaient perdu leurs maisons et leur mobilier, ainsi que pour les familles de ceux qui ont péri sous les ruines de leur habitation, ou dans les retranchemens, ou au service journalier des batteries. Dans ces tems de terreur et de tyrannie, ils n'ont pu rien obtenir. Je crois qu'il est de mon devoir d'implorer pour eux la justice et la bienfaisance de l'Empereur, qui sait si bien alléger l'infortune partout où il en connaît les causes.

PRÉCIS

LA DÉFENSE DE VALENCIENNES,

EN 1793.

———————◆◆◆◆———————

Ce fut le **26** mars **1793**, que le général Dumouriez, commandant en chef l'armée
du Nord m'ordonna d'évacuer la ville de
Mons, et de conduire à Valenciennes et à Condé
les troupes que j'avais sous mes ordres, et celles
qui m'étaient arrivées le **25**, au nombre de six mille hommes commandés par le général Neuilly.

Je reçus l'ordre de prendre le commandement
de Valenciennes; celui de la place de Condé fut
confié au général Neuilly. Nous évacuâmes la
ville de Mons, la nuit du **26** au **27** mars, et
nous arrivâmes le matin dans les deux places
précitées.

A peine fus-je arrivé, que je fis occuper par mes troupes les villages situés entre Quiévrain et Valenciennes : j'avais eu soin, en quittant Mons, de faire rompre les ponts de Crépin, Quiévrain et Marchipont, construits sur la rivière du Honniau, ainsi que ceux établis en avant du front de Mons.

Le **29** mars, l'ennemi se présenta en grande force sur le front du Honniau ; il travailla à rétablir les ponts : j'envoyai plusieurs bataillons, et le peu de troupes à cheval que j'avais, afin de retenir l'ennemi sur la rive droite de cette rivière, et l'empêcher de pénétrer ; mais sa supériorité contraignit ma troupe de se replier sur Valenciennes : je la fis rentrer dans cette place, que je ne pouvais laisser dégarnie à cause de la grande quantité de fuyards de l'armée de Dumouriez, qui s'y étaient jetés lors de la déroute de la Belgique. Ma position, prise dans les environs de la place, resta la même jusqu'à la nuit du **1**^{er} au **2** avril, où la trahison de Dumouriez éclata : je fus assez heureux pour contribuer à déjouer son projet, et à sauver les trois représentans du peuple Léquinio, Bellegarde et Charles Cochon, ainsi que la ville de Valenciennes. Les détails de cette affaire sont consignés dans le rapport qu'ils en ont fait le **23** avril **1793**, imprimé par ordre de la Convention nationale.

Les intrigues du général Dumouriez et de ses

complices, pour corrompre son armée, la laissaient dans l'incertitude sur le parti qu'elle avait à prendre. Les députés et moi, nous fîmes, le 5 avril, deux proclamations *, qui furent envoyées à tous les corps, et parfaitement accueillies par l'armée, qui abandonna son infidèle général, se rendit *en détail* sous les murs de Valenciennes, et dans le camp que j'avais tracé le même jour, entre Famars et la Briquette. Quelques jours après, j'adressai à ma garnison et aux troupes cantonnées, une autre proclamation *, qui produisit tout l'effet que j'en attendais. Le respect, la subordination et la discipline furent entièrement rétablis.

Les députés de la Convention nommèrent provisoirement au commandement de l'armée le général Dampierre, qui mit tous ses soins à la réorganiser. Ayant jugé qu'elle se trouvait trop près de la frontière qu'occupait le prince de Cobourg, il la fit camper le 5 avril près de Bouchain, où elle resta jusqu'au **20** du même mois, qu'elle reprit sa première position du camp de Famars.

Dès le **8** avril, l'ennemi avait bloqué la ville de Condé; il s'était emparé des bois de Raismes, de Vicogne, d'Hasnon. Il occupait les camps de

---

* Voyez à la fin, numéros 1 et 2.
* Voyez à la fin, numéro 2.

Maulde, de Bruille et la ville de St.-Amand. Il avait aussi formé, depuis le village de St.-Saulve jusqu'à ceux de Préseau, Trith et Fontenelles, une circonvallation qui enveloppait *un tiers* de la place de Valenciennes.

Le 1er mai, le général Dampierre, voulant chasser l'ennemi de cette ligne, et de sa première parallèle qu'il avait déjà faite en partie, réunit à son armée les troupes de garnison qui avoisinaient la position de son camp de Famars. Du tout, il forma quatre colonnes avec le dessein d'attaquer le prince de Cobourg, depuis Sebourg jusqu'à St.-Amand, et chercher en même tems à débloquer Condé. Ces quatre colonnes se mirent en marche à quatre heures du matin ; celle de la droite, commandée par le général Lamarche, qui devait attaquer les villages de Jenlain et Sebourg, et se diriger ensuite sur celui d'Etreux, fut mise en déroute par une troupe de cavalerie ; elle se retira, *sans coup férir,* dans son camp de Famars. La seconde colonne, commandée par le général Rosière, ayant été attaquée par des forces supérieures, fut forcée de se replier sur le même camp. La troisième, commandée par le général en chef Dampierre, ayant rencontré l'ennemi en très-grande force, au village d'Etreux, se retira comme les deux premières.

J'avais l'honneur de commander la quatrième

colonne, placée sur les hauteurs du moulin du
Roleur, où je restai une heure et demie en présence de l'aile gauche de l'armée du prince de
Cobourg. Je fis connaître ma position au général Dampierre, qui m'ordonna de faire promptement ma retraite : je la fis avec beaucoup de
peine ; j'eus plusieurs hommes blessés, et environ cent cinquante tués.

Les garnisons du Quesnoy, de Landrecies et
d'Avesnes s'étant réunies sous les ordres du général La Roque, ci-devant colonel du régiment
Dauphin, arrivèrent au village de Jenlain, une
demi-heure après que la colonne du général Lamarche se fut retirée. Il s'engagea un combat
très-vif avec les troupes du prince de Cobourg.
La supériorité de l'ennemi fit replier le général
La Roque sur le Quesnoy. Les troupes qui dé-
fendaient les postes d'Anzin, Raismes, Beuvra-
ges, Vicogne et Hasnon, se battirent une partie
de la journée ; les garnisons de Lille et de Douai,
commandées par le général Lamarlière, arrivèrent jusqu'à la ville de St.-Amand, donnèrent
peu sur l'ennemi, qui, malgré tous nos efforts,
ne perdait pas de terrain.

Le 8 mai, on fit la même tentative que le premier du même mois, sans avoir plus de succès.
En faisant des reconnaissances vers de nouvelles
batteries, que l'ennemi construisait à l'avant-

2

garde d'Anzin, le général en chef Dampierre
eut une cuisse cassée par un boulet : il mourut
le lendemain *.

Le commandement de l'armée fut donné provisoirement au général Lamarche, qui fit de
suite les dispositions nécessaires pour se maintenir dans le camp de Famars, et dans les quar-
tiers d'Anzin, Hasnon, Vicogne et Raismes,
occupés par l'avant-garde.

Le **23** mai, à la pointe du jour, le prince de
Cobourg attaqua l'armée du général Lamarche,
sur la droite du camp de Famars, et à l'avant-
garde d'Anzin. Les redoutes de Famars, cou-
vrant la droite du camp, furent emportées dès
la première attaque ; les redoutes d'Aulnoi, et
celles du mont du bois de Fontenelles, tinrent
bon pendant quelques heures, ainsi que la plupart des postes d'Anzin. Le feu fut vif de part et
d'autre ; la perte fut considérable : il y eut beaucoup de blessés.

A quatre heures après-midi, le général Lamarche rentra dans Valenciennes, se rendit chez les
représentans du peuple, Bellegarde, Cochon,
Courtois, Briez et Dubois-Dubais, qui s'étaient

---

* On rapporte que, ne voyant aucune chance de vaincre avec si
peu de monde, il avait fait le sacrifice de sa vie et affronté une mort
certaine.

réunis dans la place, et leur déclara qu'il ne pouvait tenir plus longtems dans le camp de Famars, et dans les postes d'Anzin et d'Hasnon, vu la supériorité de l'ennemi.

Le général Lamarche m'ayant fait appeler, me dit en présence des représentans que j'étais destiné à défendre Valenciennes ; qu'il fallait sans délai prendre les mesures nécessaires pour soutenir un siége, et qu'il était probable que la place serait bloquée pendant la nuit. Le général ayant dit ensuite qu'il allait se replier avec son armée entre Bouchain et Cambrai, je lui fis observer qu'il pourrait peut-être empêcher les progrès de l'ennemi et protéger encore Valenciennes, s'il conservait le terrain occupé par l'avant-garde, depuis Hasnon jusqu'à Anzin, en appuyant la gauche de son armée à la droite de l'avant-garde, et longeant jusqu'au pont de Rouvignies ; que son armée serait appuyée et couverte par des bois, quelques villages, les rivières de la Scarpe, de l'Escaut et de la Rhonelle, ainsi que par l'inondation supérieure de Valenciennes. Le général Lamarche ayant jugé que cette position n'était pas tenable, je lui demandai alors vingt bataillons des plus complets de son armée ; il ne m'en fut donné que dix-sept pris au hasard, et très-faibles.

D'après le parti pris par le général Lamarche,

je fis savoir de suite à la municipalité, aux habitans et aux réfugiés, que ceux qui ne voudraient
pas être témoins du désastre d'un siége n'a-
vaient pas de tems à perdre pour sortir *; que
vraisemblablement la place serait bloquée dans
la nuit ou dans la matinée suivante. Elle le fut en
effet, le **24** mai, à deux heures du matin. Je m'a-
perçus dans la journée que très-peu d'habitans et
de réfugiés avaient profité de l'avis que j'avais
donné; en sorte que la ville contenait une popu-
lation de **30** à **35** mille ames.

Les députés Briez, Charles Cochon et moi,
nous nous occupâmes de suite de la visite exacte
de tous les magasins militaires, que nous trouvâmes assez bien garnis, excepté celui des fourrages, et le dépôt des bouches à feu, bombes,
obus et boulets, qui n'étaient pas assez approvi-

---

* Je leur montrai l'exemple en engageant mon épouse à sortir
promptement de la place, jugeant bien que sa présence ne pouvait
m'être que nuisible, au milieu des travaux importans et multipliés
dont je me trouvais chargé : elle finit par céder à mes instances et
partit dans la soirée du 23 mai. Le chagrin et les inquiétudes qu'elle
ressentit de ma situation, pendant le siége et bombardement, al-
térèrent tellement sa santé, que j'eus peine à la reconnaître à mon
arrivée à Paris, le 6 août 1793. C'est en vain que je voulus prendre
des précautions pour lui annoncer le désastre de sa fortune, le ravage,
par l'armée ennemie, de ses propriétés situées entre Bavai et Valenciennes, et la perte de sa maison de Valenciennes, écrasée par
les bombes et les boulets ; elle me tira aussitôt d'embarras, en me
disant : « Je n'ai rien perdu puisque je retrouve mon époux ; il a
« été utile à sa patrie, je suis contente. »

sionnés pour la défense d'une place si importante ;
il fallait au moins deux cent quarante bouches à
feu, il n'en existait que cent trente-huit, non
compris quelques pièces de bataillon, et nous
étions loin d'avoir mille coups à tirer par chaque
pièce d'artillerie. Il y avait à peine des fourrages
pour nourrir pendant huit jours les chevaux, les
bœufs, vaches et moutons. Cette pénurie nous
détermina à ordonner une visite domiciliaire
dans la ville et ses faubourgs. Quand nous eûmes
connaissance de la quantité de fourrage qui
existait chez différens particuliers, nous détermi-
nâmes le nombre de chevaux qu'on pourrait conserver pendant trois ou quatre mois, dans l'espoir qu'on viendrait pendant ce tems à notre secours ; nous réservant d'en faire tuer, si notre
défense se prolongeait au-delà de ce terme ; nous
en conservâmes trois cent soixante-neuf pour le
service urgent du siége ; *savoir :*

Pour l'artillerie **100**
Pour une partie de la cavalerie **240**
Pour les vivres **6**
Pour le génie **6**
Pour les officiers généraux **17**
                                             ———
          Total **369**

A l'égard des autres chevaux appartenant aux
militaires et aux habitans, il fut décidé au conseil
de guerre qu'ils seraient tués, après que l'esti-

mation en aurait été faite par experts. Cette décision fut exécutée infidèlement, ainsi que la visite domiciliaire relative à la recherche des fourrages. Des mal intentionnés cachèrent beaucoup de chevaux qui devaient être tués, et ces chevaux parurent montés par des personnes inconnues, qui se mêlèrent avec les révoltés dans les journées des **26**, **27** et **28** juillet **1793**.

Dans cette visite domiciliaire, nous trouvâmes environ douze cents hommes, officiers, sous-officiers, soldats et quelques hommes du contingent qui n'avaient pas encore été placés dans les bataillons, ainsi que beaucoup de boulangers de l'armée, et de charretiers qui avaient abandonné leur brigade le **23** mai, lorsque le camp de Famars fut attaqué par l'armée de Cobourg, s'étaient jetés dans la place et s'y firent renfermer. Je pris le parti de placer tous ces fuyards dans les bataillons qui formaient la garnison du siége ; une grande partie fut incorporée dans le bataillon permanent de Valenciennes, qui était très-faible. C'est au moyen de ces douze cents fuyards que ma garnison était forte à peu près de dix mille hommes, y compris huit cents canonniers * et

---

* Cette brave artillerie était composée de quelques compagnies de Paris, commandées par MM. les capitaines Suard, 2ᵉ compagnie de la section du Luxembourg, placée au cavalier des Capucins ; Langlade, de la section de la fontaine de Grenelle ; Dugourd, idem ; Prélas, de la section des Filles St.-Thomas ; Laurent, de la butte des

trois cents hommes à cheval. Le pourtour du chemin couvert de la ville et de la citadelle, compris les ouvrages extérieurs, contenait environ onze mille toises; il m'aurait fallu quatorze ou quinze mille hommes de garnison.

Le même jour, 24 mai, je fis commander l'inondation supérieure. M'étant aperçu qu'elle ne se faisait que très-lentement, je fis faire, en ma présence, une visite d'après laquelle je trouvai que la base des écluses était dans le plus mauvais état. Je demandai au général de division Blacquetot, inspecteur du génie, accompagné du chef de brigade Tholosé et du capitaine Dembarère, officiers du génie, ainsi que de l'adjoint d'Haupoul, qui sortait de l'école de Mézières *, si

Moulins; Legendre, des Quinze-Vingts; et le capitaine de la section des Gravilliers, dont le nom m'est échappé; d'une compagnie formée des habitans de Douai; de quatre compagnies formées des principaux habitans de Valenciennes, capitaines Simon Massi, Dorus, Baudoux, Honnis père. La plupart de ces dernières ont servi gratuitement, et n'ont jamais voulu quitter le service qu'elles avaient commencé au front d'attaque. Toutes ces compagnies d'artillerie de Paris, de Douai, de Valenciennes, ainsi que les détachemens de canonniers des 3e et 6e bataillons de ligne, se sont conduites pendant le siége avec courage, zèle et intelligence, et ont vivement coopéré à la défense de la place. J'ai été très-souvent témoin que les coups lancés par nos batteries, dans les embrasures de l'ennemi, étaient si bien ajustés, qu'ils frappaient presque toujours les pièces des assiégeans à l'embouchure ou en rouage. Enfin, dans toutes mes visites, j'étais satisfait des postes et de la conduite des officiers d'artillerie.

* M. de Blacquetot, brave et loyal militaire, était âgé et malade. Les trois autres officiers du génie étaient depuis peu de tems dans la place.

tous les moyens de défense étaient préparés ; ils me rendirent compte que toutes les parties étaient en ordre, autant que les circonstances avaient pu le permettre. Cependant cette défectuosité aux écluses faillit causer de grands malheurs, et aurait pu abréger la défense de la place. Je fis donc enfoncer des pieux près des écluses, et jeter beaucoup de fumier et des terres ; ces bâtardeaux réussirent si bien, que le cinquième jour de cette opération l'inondation *fut au blanc*, et continua successivement jusqu'à sa plénitude ; celle de la Rhonelle était déjà faite depuis quelques jours. A l'égard de l'inondation inférieure, je n'ai pu en tirer parti, parce que l'ennemi s'était rendu maître, dès le 8 avril, époque du blocus de Condé, des écluses de la Folie, situées entre Valenciennes et Condé, qui soutenaient cette même inondation.

J'avais différé jusqu'à la dernière extrémité l'inondation supérieure, pour donner le tems aux habitans de la campagne de tirer parti des fourrages autant que possible, et laisser ignorer à l'ennemi la distance à laquelle pourrait s'étendre l'eau, présumant qu'il viendrait peut-être camper sur une partie du terrain qui devait être submergé, et qu'il construirait mal ses digues de communication. Il est résulté de ce délai que le cultivateur a profité du fourrage jusqu'au 24 mai ; que l'ennemi a construit ses digues de commu-

nication trop basses ; qu'il a été contraint de les
exhausser après coup, et à plusieurs reprises,
de sorte qu'elles n'ont pu lui servir que pour les
gens de pied. Il est donc constant que si l'ennemi eût trouvé l'inondation faite plutôt, il eût
construit ses digues assez larges pour le passage
de ses convois, au lieu qu'il était obligé de faire
faire un détour d'environ quatre lieues.

Dès le **25** mai, je m'occupai d'un réglement
de siége. Je tâchai de prévoir tout ce qui pouvait procurer une vigoureuse défense. La suite
de ce précis justifiera que mes principes ont eu
un heureux résultat, puisque les dix mille hommes environ qui composaient ma garnison, ont
résisté près de trois mois à une armée assiégeante, forte de cent quarante à cent cinquante mille
hommes, qui a foudroyé Valenciennes avec quatre cents bouches à feu, pendant quarante-trois
jours et quarante-trois nuits, sans relâche. Dans
les mesures générales que j'employais, j'agissais
de concert avec les députés Charles Cochon et
Briez *.

* Dès le jour du blocus jusqu'au 1er août 1793, j'avais tenu un journal où était rapporté tout ce qui s'était passé de plus remarquable pendant le siége et le bombardement : j'ai dit plus haut que ce journal
m'a été enlevé ; je remis au ministre de la guerre Bouchotte, le 6 août
même année, la capitulation, signée du duc d'Yorck et de moi, ainsi
que ma correspondance avec ce prince, avec les généraux impériaux,
et avec les généraux de l'armée du Nord. Le ministre fit passer tous
ces papiers du siége au comité militaire, qui les remit au comité de

J'établis un conseil de guerre, où assistaient les représentans du peuple, une partie du district, de la municipalité, les généraux, les chefs de corps et les commissaires des guerres. On y traitait de toutes les affaires relatives à la partie militaire et administrative. J'établis en même tems un comité de siége, composé des deux députés, des généraux, des officiers supérieurs, des chefs du génie et de l'artillerie. Il n'y était traité que des objets relatifs à la défense de la place et à la discipline.

Chaque jour je remettais aux généraux et officiers supérieurs de service pendant vingt-quatre heures, un détail des précautions à prendre pour la sûreté de la place.

L'ennemi attaqua le faubourg de Marly le **26** mai à la pointe du jour, avec plus de quatre-

---

salut-public. La Convention nationale ordonna, par deux décrets, des 25 août et 22 septembre 1793, que le rapport du siége de Valenciennes fût fait dans le plus court délai ; je ne sais pour quelles raisons Robespierre s'opposa toujours à l'exécution de ces décrets, et par quelle fatalité je n'ai pu, depuis ce tems, retrouver mon journal. Il avait été mis au net dans les derniers jours du siége par un officier d'artillerie de Paris, nommé Daubanel : le lendemain de la capitulation, les généraux commissaires impériaux, en venant prendre connaissance de mes papiers, exigèrent mon journal. Sur mon refus, la discussion s'échauffant de part et d'autre, le député Charles Cochon me dit qu'il ne voyait pas de difficulté à en délivrer une copie. D'après cet avis, je présentai aux commissaires impériaux la copie mise au net, où il manquait les dix derniers jours de la défense, époque des événemens les plus importans.

vingts bouches à feu. Il avait l'avantage des hauteurs assez voisines qui dominent le faubourg.* J'avais demandé qu'il fût retranché, afin de pouvoir disputer aux assiégeans la première approche du front d'attaque : comme ces ouvrages n'avaient pu être achevés, l'ennemi s'en rendit maître au bout de dix à douze heures. Il fut presque réduit en cendres; nos pièces d'artillerie furent toutes démontées et fort endommagées; il y eut beaucoup de tués et de blessés, et plusieurs habitans furent ensevelis sous les décombres de leurs maisons. Le général de brigade Beauregard, qui défendait ce poste, fut forcé de l'abandonner entièrement; il rentra dans la place avec le plus grand ordre, ramenant toute son artillerie.

Le même jour, **26** mai, l'ennemi continua à travailler avec activité aux redoutes et batteries sur les parties qui dominaient la place. Nous l'inquiétâmes autant qu'il nous fut possible, par un feu d'artillerie vif et bien nourri. Je recommandai cependant de ménager les munitions, et de les réserver pour le tems où l'assiégeant s'approcherait des ouvrages extérieurs et du chemin couvert, faisant observer aux braves canonniers qu'alors la poudre serait mieux employée et leurs coups lancés avec plus de justesse et d'effet.

* Ce faubourg est situé en avant des glacis de la porte Cardon.

Le 14 juin, après que l'ennemi eut fini sa première parallèle ainsi que les boyaux de tranchée
pour la communication de la circonvallation à
la parallèle, il établit ses batteries sur tous les
points.

Le duc d'Yorck m'envoya, à quatre heures
après-midi, un trompette porteur de deux lettres*, dont le contenu portait sommation de rendre la place ; l'une était pour la commune de
Valenciennes. Par l'autre, qui m'était adressée
j'étais invité à capituler, pour éviter le malheur
d'un siége et la ruine des habitans **. Ma réponse
fut bientôt faite. J'envoyai à ce prince, par mon

---

* Le parlementaire se présenta à midi. Il y eut deux heures perdues
pour convoquer et assembler le conseil de guerre, le district et le conseil général de la commune. Dans cette assemblée, on lut d'abord la
missive adressée au général et la réponse de ce dernier. On prit ensuite
connaissance de l'adresse à la municipalité. Alors commencèrent de
vives discussions relatives à la rédaction de la réponse. Le député *Briez*
en proposa une assez longue qui fut rejetée, M. *Hamoir Ducroisié* en
fit une autre qu'on trouva trop polie, enfin le représentant *Cochon*
improvisa une réponse qui fut acceptée par acclamations.- Un nouvel
orage s'éleva au sujet de la suscription de la lettre, pour décider si l'on
pouvait, sans blesser la pureté des maximes républicaines, accorder
le titre de *duc* au général *Yorck*, à qui elle était destinée. Le cachet
fut encore un objet contesté ; le général Beauregard fit un nœud énor-
me de ruban tricolore, qui couronnait ainsi l'œuvre. — A quatre heures, le paquet fut expédié et provoqua les plus vives attaques. On a
remarqué que la première bombe de l'ennemi tomba, rue de Tournai, sur la maison de la veuve Alexis, marchande de vin, où étaient
attablés quelques membres du district et de la municipalité. Revenus
de la première surprise occasionnée par l'explosion terrible, ils criè-
rent en se dispersant *Vive la République !* heureux d'en être quittes
pour la peur. *(Note des éditeurs).*

** Voir à la fin du précis, n° 3.

aide-de-camp Lavignette, un exemplaire du serment que ma garnison, les habitans et moi avions renouvelé le 30 mai, huitième jour du blocus *.

La municipalité fit aussi une réponse qui me donna l'assurance que je serais bien secondé par elle et par les habitans. Aussi, pendant le siége, les membres du conseil général de la commune, M. Pourtalès, maire de la ville, et les membres du district, ont donné les plus grandes preuves de zèle pour le service de la patrie, et m'ont parfaitement secondé dans ces circonstances orageuses **.

Les menaces de Frédéric, duc d'Yorck, ne tardèrent pas à s'effectuer; vers sept heures du soir, les batteries de canons, de mortiers, d'obusiers tirèrent en même tems sur la ville, dans la partie du front de Tournay ***; nos braves canonniers et bombardiers parvinrent, en moins de 24 heures, à les démonter, et à incendier les maisons qui les couvraient.

Les 16, 17 et 18 juin l'ennemi plaça un grand

* *Idem*, n° 4.
** 4 *bis*, 4 *ter*, à la fin.
*** En peu de tems, le quartier de Tournai fut très-endommagé : plusieurs maisons furent incendiées; beaucoup d'habitans furent blessés, dix pompes éteignirent promptement le feu, grâces au zèle et à l'intelligence de la compagnie de pompiers qui était commandée par M. Perdry, ancien constituant.

nombre de batteries sur le front de Cambrai, sur
les éminences qui tiennent à la gauche de l'inondation supérieure. Il dirigea tout le feu sur cette
partie, tant sur la ville que sur les ouvrages de
la fortification ; et, dans la nuit du 19, quatre-
vingts bouches à feu furent aussi placées sur les
éminences du moulin du Roleur, et sur celles des
environs du village de St.-Saulve, de même que
dans sa première parallèle, qui enveloppait la
place depuis le bas Escaut, à St.-Roch, jusqu'au
faubourg de Marly.

Le feu continuel de cette formidable artillerie
dura, sans relâche, jusqu'au 26 juillet ; la moitié
de la ville fut réduite en cendres, l'autre moitié
fut très-endommagée. J'ai toujours soupçonné
que ce désastre effrayant n'avait lieu que par l'effet d'une trahison commise par des gens inconnus
qui avaient des intelligences avec l'ennemi ; j'ai
présumé que le lieutenant-colonel d'artillerie, directeur de l'arsenal, n'était pas sans reproche.
Les députés l'ayant fait appeler au conseil de
guerre général assemblé, lui firent, en ma présence, quelques observations sur certaines négli-
gences qu'il avait commises. En ma qualité de
président du conseil de guerre, je lui fis plusieurs
questions relatives à la défense de la place : il parut embarrassé, et demanda jusqu'au lendemain
pour me répondre : mais dans la même nuit, 19
juin, sixième jour du bombardement, il se brûla

la cervelle ; et immédiatement après cet événement, le feu se manifesta dans toutes les parties
de l'arsenal qui renfermait ce que nous avions de
plus précieux. Les quatorze mille fusils de re-
change qui y étaient déposés se trouvaient chargés à balles, et placés horizontalement sur les
chevalets, de sorte qu'au moment où le feu gagna
ces armes, les balles étant dirigées contre les
maisons circonvoisines, il fut impossible d'apporter des secours, et d'arrêter l'incendie, qui con-
suma tout en moins de quatre heures. Ce directeur fut remplacé par le capitaine d'artillerie
Lauriston, que je fis lieutenant-colonel.*

L'ennemi s'était déterminé à bombarder la
place avec tant d'acharnement, dans l'espoir
que les réfugiés et les habitans m'obligeraient à
la livrer promptement. Dans la journée du **21**
juin, une troupe de réfugiés s'étant rassemblée
sur la place d'armes, se porta à la municipalité,
et demanda à grands cris une capitulation. Les
représentans du peuple et moi nous nous trans-
portâmes au lieu de l'attroupement. J'ordonnai
à ces rebelles, au nom de la loi, de se retirer de
suite; et je leur permis de m'envoyer une dépu-

* Le capitaine Georgin, du 3e régiment d'artillerie, que j'avais
chargé de la conduite de l'atelier destiné à la réparation des armes,
et d'autres objets nécessaires à la défense, s'est très-bien acquitté
de ses fonctions ; il a, par son intelligence et son zèle, suppléé,
autant que possible, à la perte de nos fusils devenus la proie des
flammes.

tation, à laquelle je ferais part des intentions du conseil de guerre que j'allais assembler. Je les prévins que s'ils n'obéissaient pas à l'instant, j'allais déployer contre eux la plus grande sévérité militaire. Cette menace dispersa l'attroupement; chacun se retira chez soi pour y attendre ma réponse, qui fut une proclamation.* approuvée par les députés et le conseil de guerre. Cette proclamation imposa tellement aux rebelles, qu'ils se tinrent tranquilles jusqu'à la malheureuse journée du 26 juillet.

L'ennemi voyant son projet manqué, prit le parti de faire usage de procédés lents dans sa conduite d'attaque, pendant laquelle nous lui avons fait perdre beaucoup de monde, et quantité de bouches à feu furent mises hors de service par notre artillerie. Il avait commencé, le 18 juin, sa seconde parallèle; elle fut bientôt construite, à la faveur d'un chemin creux qui existait sur une partie du front d'attaque.

Dans la nuit du 28 au 29 juin, il déboucha de cette seconde parallèle par des boyaux de tranchée, et se dirigea, comme précédemment, vers le saillant de l'ouvrage à corne de Mons et de sa demi-lune; un autre cheminement de tranchée fut dirigé de même vers le saillant de la lunette St.-Saulve, ce qui détermina deux points d'atta-

* Voir n° 5.

que qui devaient se soutenir mutuellement , l'une
sur l'ouvrage à corne de Mons ; l'autre sur les
ouvrages en avant du bastion de Poterne ; et sur
la longue Courtine , depuis ledit bastion jusqu'à
la porte de Mons ; il y avait une troisième attaque, sans tranchée , dirigée sur le bastion des
Huguenots et sa demi–lune. Dès–lors nous employâmes tous les moyens de défense ; et nous
réussîmes si bien que nous parvînmes à retarder
les progrès des travaux de l'ennemi , et lui fîmes
perdre beaucoup de monde ; notre feu l'intimida
tellement, qu'il n'osa jamais sortir de la troisième
parallèle , qui se trouvait approchée du chemin
couvert , sur le front d'attaque , de 15 à 20 toises.
Il fit des contremines dirigées sur le saillant de
l'ouvrage à corne de Mons , dans l'espoir de
rencontrer nos mines ; n'ayant pu y parvenir ,
il eut le projet d'attaquer de vive force le
chemin couvert et les ouvrages extérieurs , afin
d'éviter l'effet de nos mines , et la grande perte
qu'il présumait faire en attaquant progressive-
ment.

Je m'aperçus du dessein de l'ennemi dès le
commencement de sa deuxième parallèle , puis-
qu'il battit en brèche en même tems qu'il conti-
nuait à embraser la place. La brèche du bastion
des Huguenots était praticable depuis le 19 juillet au soir, elle était d'une étendue à pouvoir
faire monter trente à quarante hommes de front.

3

Je pris le parti de faire gonfler les eaux des fossés
autant que possible, aux dépens de l'inondation
supérieure; comme l'ennemi était maître de la
digue qui soutenait ces eaux, il aurait pu mettre
à sec ces fossés en moins de vingt-quatre heures,
et d'autant plus aisément que les ouvrages de la
partie de ce front n'avaient pas été achevés depuis que M. l'ingénieur en chef Filet l'avait forti-
fié de nouveau. Il n'existait que le tracé du chemin couvert.

La brèche du bastion de Poterne et celle de la
longue Courtine, déjà citée, n'étaient point aussi praticables que la première, et l'accès en était
d'autant plus difficile, que la partie du mur du
rempart qui n'avait pas été atteinte par les boulets,
était chaque jour dégagée de l'encombrement des
terres éboulées du parapet et du rempart. D'après
les intelligences qu'il avait dans la place, l'ennemi fut bientôt informé de la précaution que j'a-
vais prise de faire déblayer les éboulemens.
Alors il dirigea au pied des brèches un feu d'artillerie très-vif; mais rien ne put ralentir le zèle
des braves que j'employais au déblaiement. Pendant le plus grand feu, ils se mettaient dans les
fossés des ouvrages voisins, où ils étaient à l'abri
de tout danger; aussitôt que le feu devenait moins
vif, ils revenaient aux brèches déblayer les terres
éboulées : Sans cette mesure, les brèches auraient
été praticables un mois plus tôt, et, pour les for-

mer, l'assiégeant usa tant de munitions , qu'il ti-
rait ensuite dans nos ouvrages et sur la place avec
des pavés arrondis.

Dans ce travail périlleux , je fus parfaitement
secondé par plusieurs officiers dont les noms sont
consignés dans mon Journal , et notamment par
M. Daupoul , officier du génie adjoint, et par
l'un de mes aides-de-camp nommé Moraux , qui
ont montré dans cette circonstance, comme pendant tout le siége , beaucoup de zèle , d'intelligence et de courage.

La nuit du 22 au 23 juillet, l'ennemi se décida
à attaquer de vive force le chemin couvert et les
ouvrages extérieurs , voulant de suite tenter l'assaut ; il fut repoussé avec perte. Dans les nuits du
23 au 24 et du 24 au 25 , il fit la même tentative
et rencontra la même résistance : mais dans la
nuit du 25 au 26, vers les onze heures , l'ennemi
fit jouer plusieurs fourneaux de mines devant
l'ouvrage à corne de Mons , à la proximité des
palissades. Au moment de cette explosion, le
chemin couvert de chaque point d'attaque fut as-
sailli par environ vingt-cinq à trente mille hommes. Nos troupes résistèrent à l'ennemi sur plusieurs points par une fusillade bien soutenue , et
avec la bayonnette. Il y eut du carnage de part
et d'autre, surtout à l'endroit où le jeu des fourneaux avait eu lieu : nos troupes de garde , ébran-

lées par l'explosion, et accablées par le nombre
d'ennemis, rentrèrent en désordre dans la place
par les poternes. Informé à l'instant de cet événement par un officier de garde dans cette partie,
je me transportai sur les lieux, et je ne trouvai
que les troupes du front d'attaque de St.-Saulve
qui tenaient encore, malgré la supériorité de
l'ennemi : je ralliai les troupes rentrées dans la
place, je les ramenai pour reprendre leur premier poste ; mais à peine fûmes-nous sortis et
avancés, qu'une foule innombrable d'assiégeans
répandus dans les fossés et dans les ouvrages extérieurs, nous força de nouveau à faire un mouvement rétrograde. Mes troupes s'étant retirées
précipitamment dans la place, je leur fis de suite
border le rempart, et pendant tout le reste de la
nuit, on fit sur l'ennemi, de toutes les parties du
front d'attaque, un feu continuel de mousqueterie, de grenades, de bombes, d'obus et de canons à mitraille. Outre des barils foudroyans,
tous les préparatifs nécessaires étaient disposés
pour le recevoir vigoureusement, s'il se fût appro-
ché des brèches pour exécuter l'assaut *.

* La garde des ouvrages avancés de ce front était commandée par
les officiers supérieurs Leféron, commandant du 1er bataillon des
Deux-Sèvres, et Cumel, adjudant-général Belge. Tous deux se sont
distingués dans cette nuit. Leurs troupes furent enfin repoussées
et poursuivies jusqu'aux poternes qui communiquaient dans la
place, et que j'avais fait ouvrir pour les recevoir. Leur rentrée
fut favorisée par d'autres troupes que j'avais placées sur le rempart.
Sans perdre de tems, on se mit à barricader ces poternes d'une ma-

A la pointe du jour, je m'aperçus que l'ennemi n'avait pu conserver que l'ouvrage à corne de
Mons et la lunette de St.-Saulve, où il travaillait à
se retrancher : j'ordonnai de suite aux généraux
et officiers supérieurs Dembarère, Tholosé, Boilaud, Beauregard, Batin, Leféron, Gambin, le
Comte, Cumel, Richon et autres, dont j'ai oublié
les noms, d'aller reprendre sur-le-champ possession de tous les postes avancés du front d'attaque,
ainsi que les chemins couverts qui n'étaient plus
occupés par l'ennemi. Mon ordre fut exécuté
avec toute la célérité possible : ces généraux et
commandans trouvèrent que l'ennemi avait en-
cloué la plus grande partie des bouches à feu ;
mais comme c'était avec des clous ordinaires, les
lumières furent bientôt débouchées, et les pièces
mises promptement en batterie, de sorte que
toute l'artillerie du front d'attaque commença un
feu très-vif dirigé sur les deux ouvrages extérieurs qu'occupaient les assiégeans, ainsi que sur
les parallèles ; je me flattais de les forcer bientôt
à abandonner ces deux postes qu'ils avaient conservé ; mais mon espoir s'évanouit par une fatalité à laquelle je ne m'attendais pas.

tière impénétrable ; les troupes rentrées, quoique harrassés de fatigue, se réunirent aux autres sur le rempart, et firent sur l'ennemi un
feu de mousqueterie et de mitraille si vif et si nourri, qu'ils le
forcèrent d'abandonner une grande partie des ouvrages extérieurs
qu'il venait de prendre. J'ai beaucoup à me louer, en cette occa-
sion, de l'activité de mes aides-de-camp Moraux et Lavignette.

A onze heures du matin , **26** juillet , la partie
de nos troupes qui gardaient les ouvrages extérieurs du front d'attaque , les abandonna sans
avoir été attaquée. Nous employâmes inutilement
tous les moyens pour ramener ces militaires à
leur poste, et les faire revenir du découragement
qui les avait saisis ; nous ne pûmes faire garder
que le premier fossé de la place et le corps du
rempart comprenant les trois brèches. Dans ce
moment, je reçus du duc d'Yorck un trompette
qui m'apportait deux lettres, l'une pour la municipalité et l'autre pour moi : ce prince me som-
mait de nouveau de lui livrer la place *. J'assemblai le conseil de guerre général, auquel je joi-
gnis une députation des autorités constituées. A
l'ouverture de la séance, les réfugiés dont il a été
parlé, et une foule de peuple s'assemblèrent au-
tour de la Maison-Commune ; et quand on eut
fait lecture des deux lettres précitées, la municipalité et le conseil demandèrent avec instance à
connaître de suite dans quel état étaient les ouvrages du front d'attaque. Pendant les discussions
qui eurent lieu à ce sujet, quelqu'un eut, à mon
insu, l'imprudence de lire lesdites lettres au peuple attroupé. Cette lecture inspira une alarme
presque générale. Il fut décidé, par le conseil de
guerre général qu'il serait assemblé aussitôt un
conseil de guerre purement militaire, chargé de

---

* Voir à la fin du précis , n° 6.

constater l'état des ouvrages du front d'attaque, et de lui en rendre compte. L'examen scrupuleusement fait, la majeure partie du conseil de guerre assura que la place pouvait encore résister quelques jours. Je déclarai, moi, que la défense pouvait se prolonger au moins quinze jours, et même plus, tant que les munitions ne nous manqueraient pas absolument : qu'il nous restait, à la vérité, peu de bombes et d'obus ; mais, comme la troisième parallèle n'était pas éloignée du chemin couvert, je fis observer que nous pourrions nous servir avec succès des bombes et obus jetés par les assiégeans dans les ouvrages et dans la place, qui n'avaient point éclaté*, et que j'avais fait enlever successivement **.

Les attroupemens devinrent plus nombreux sur la place d'armes : c'étaient les réfugiés qui les formaient ; il s'y était joint beaucoup de militaires de la garnison, que je reconnus pour être les fuyards du camp de Famars, qui s'étaient jetés dans

---

* Depuis quelques jours je m'étais servi de ce moyen, quoique ces projectiles ne fussent pas du calibre de nos bouches à feu.

** Pour les militaires qui manqueraient à leur service, et pour les bourgeois qui se trouveraient arrêtés, j'avais imaginé une punition bien sévère, mais dont le résultat devint utile à la défense de la place. Dès le commencement du bombardement, je fis renfermer les coupables dans une église, et j'ordonnai qu'ils fussent conduits, deux fois par jour, dans les fossés et ouvrages de la place, pour ramasser les bombes et obus qui n'avaient point éclaté, ainsi que les boulets des assiégeans. Ce moyen me procura 25 à 30 mille de ces objets, et corrigea les insubordonnés.

la place le 23 mai, et que j'avais incorporés dans
les bataillons formant ma garnison de siége. Ces
malveillans et ces mutins réunis voulaient, par
leurs cris séditieux, par leurs menaces et leurs
marques de désespoir, me forcer à capituler de
suite, et à quelques conditions que pût prescrire
le duc d'Yorck *.

Ce soulèvement inattendu, ces rassemblemens
des rebelles, dont une partie était armée, le dé-
labrement des ouvrages du front d'attaque, trois
brèches existantes, la moitié de la ville en cendres, telle était notre position qui détermina le
conseil de guerre à entrer en négociation avec

---

* J'avais su pendant longtems soutenir le courage des uns et la constance des autres, en leur faisant espérer qu'on viendrait à notre secours. Je présumais en effet que le général Kilmaine, commandant
l'armée campée entre Bouchain et Cambrai, le ministre de la guerre
Bouchotte et le comité de salut-public apprécieraient mieux l'avantage de conserver à la République cette place importante; ils savaient
d'ailleurs qu'elle était médiocrement fortifiée, mal approvisionnée
en munitions et autres objets nécessaires à sa défense, que ma garnison était très-faible, et qu'en admettant même qu'elle fût bien approvisionnée, elle ne pouvait, selon Vauban, résister que six semaines
au plus. Je saisissais toutes les occasions d'assurer aux habitans que
l'armée, qui n'était qu'à trois lieues, et qui pouvait compter les coups
qui frappaient la ville ou les remparts, arriverait incessamment; que
nos espérances seraient enfin réalisées : mais il n'était plus possible
de nourrir cet espoir; le siége durait depuis trois mois, le bombardement depuis 43 jours et 43 nuits sans relâche; il avait été jeté dans la
ville et dans les ouvrages au moins trois cent mille boulets, bombes
et obus, non comprises les pierres et les grenades.

les assiégeans. Nous dressâmes en conséquence un projet de capitulation, composé de 25 articles, que j'envoyai, par mon aide-de-camp Lavignette, à Son Altesse Royale le duc d'Yorck. Ce prince m'adressa pour toute réponse une réfutation de la plupart de nos articles. Je lui écrivis une lettre par laquelle * je voulais bien renoncer à quelques-uns des articles réfutés, mais je le prévins aussi que, s'il refusait ceux que je me réservais, j'étais décidé, avec ma brave garnison et la majorité des habitans, à périr sur la brèche; lui faisant observer qu'il n'y en avait pas encore une praticable. Je lui mandais en outre que je lui envoyais trois commissaires militaires et trois civils, avec plein pouvoir aux premiers, de traiter définitivement du sort de la place. Ces trois commissaires étaient les généraux Tholozé et Boilaud, et un capitaine du premier bataillon de la Nièvre, nommé Brumières. Ils obtinrent que la garnison se retirât dans l'intérieur de la République. Le duc d'Yorck et le prince de Cobourg insistèrent principalement sur ce que les deux représentans sortissent de la place avec la garnison, sans être désignés par leur titre dans les conditions de la capitulation, mais comme des personnes à ma suite *.

* Voir à la fin, n° 7.

* J'appris, de nos trois commissaires militaires, que le duc d'Yorck avait été informé, par des bulletins lancés avec des fusées, de tout ce qui s'était passé dans la place pendant le siége. Ce prince dit aux

Après avoir réfléchi, après avoir consulté l'é-
tat de la place, et la triste position où nous nous
trouvions, les Représentans et moi, nous jugeâ-
mes qu'il était tems de capituler, pour éviter les
plus grands malheurs qui menaçaient les habitans
et la garnison, la place étant ouverte aux trois brèches. Nous étions cependant parvenus à repousser quatre fois l'ennemi dans les attaques qu'il fit
des chemins couverts, dans les nuits des **22, 23,
24, et du 25** au **26** juillet **1793**, pour entreprendre l'assaut à quelque brèche. Nous avions perdu
cinq cent cinquante hommes; près de quatre
mille habitans avaient péri, tant par l'effet de la
bombe que par l'écroulement de leurs maisons
ou par la maladie épidémique qui provenait du
mauvais air des souterrains où ils s'étaient réfugiés. Nous avions deux mille cinq cents hommes
hors d'état de servir, blessés ou atteints d'une
maladie contagieuse qui s'était introduite parmi
eux vers la fin du siége; en sorte que la garnison
disponible était très-faible; je ne pouvais faire
usage que du tiers de l'artillerie, le reste ayant
été mis hors de service.*

La capitulation fut signée le **28** juillet au ma-

commissaires, que dans les deux derniers jours du siége, il avait été
instruit, d'heure en heure, de tout ce que nous avions fait. Il ne dit
point les noms des auteurs de ces bulletins.

* J'avais fait scier des canons dont les bouches avaient été beaucoup altérées; quoique très-courts, ils purent nous servir lorsque les
ouvrages de l'ennemi furent approchés du chemin couvert.

tin. J'avais demandé à rester six jours dans la
place après la signature des *conventions* ; cette
demande parut étonnante ; mais elle était fon-
dée sur l'espoir que , pendant ce délai , il pouvait arriver assez de renfort à l'armée du camp
de César pour forcer l'ennemi à lever précipitamment le siége , supposant néanmoins qu'elle
ignorât notre capitulation.

Le premier août , au matin , nous évacuâmes
la place dans le plus grand ordre : * le même jour
l'ennemi entra dans Valenciennes ; nous nous
rendîmes à Avesnes–le–Sec **. Le camp de l'armée française n'était pas éloigné de ce village.
Après avoir établi mes troupes dans le quartier
destiné pour y passer la nuit, je me rendis au
quartier–général , à Cambrai , où je trouvai l'ordre du ministre de la guerre d'arriver promptement à Paris , et d'apporter tous les papiers relatifs au siége de Valenciennes. Le 2 août, ma

---

* Contre le droit des gens, et le neuvième article de la capitulation , permettant que les représentans du peuple , comme bourgeois ,
sortiraient de la place avec la garnison , le député Briez fut arrêté , au
sortir de la barrière, par les troupes impériales. Je le réclamai de suite
au duc d'Yorck et au prince de Cobourg , qui ordonnèrent qu'il me
fût rendu sur-le-champ.

** D'après le contenu de mes proclamations , que l'ennemi avait ap-
pelées des libelles, je devais m'attendre, en défilant devant l'armée
combinée , à quelque marque de ressentiment ; mais, au contraire ,
à mon passage devant le duc d'Yorck et le prince de Cobourg , ils
m'assurèrent voir avec intérêt les braves qu'ils avaient eu à combattre
pendant si longtems , malgré leurs intelligences dans la place. Quelque persuadé que je fusse d'avoir fait mon devoir, cet aveu fut bien
flatteur pour moi.

garnison s'étant rendue à Cambrai, trouva les ordres pour de nouvelles destinations ; une partie se rendit dans la Vendée, l'autre au siége de Lyon.

A mon arrivée à Paris, le 6 août, je déposai aussitôt, entre les mains du Ministre de la guerre Bouchotte, tous les papiers que j'avais pu conserver et préserver de l'incendie de ma maison, qui fut presque détruite par les bombes et les boulets rouges. Le lendemain, 7, j'appris avec douleur que mon aide-de-camp Lavignette, à qui j'avais permis de venir à Paris avant moi, avait été arrêté chez son père, et incarcéré à l'Abbaye pendant huit jours, sans qu'il connût les motifs de cette rigueur. Il fut envoyé de suite au siége de Lyon, où se rendait une partie de ma garnison. Jusqu'au 14 même mois, je sollicitai auprès du comité de salut-public un prompt rapport du siége à la Convention nationale. Le Ministre de la guerre me fit espérer que le comité allait s'en occuper. Un des membres dudit comité vint me donner audience. Il me fit beaucoup de questions relatives à la défense de Valenciennes, et me dit : « on verra. » Je vis en effet, avec une surprise extrême, que le 15 au matin l'on vint m'arrêter, et l'on me conduisit dans la prison de l'Abbaye St.-Germain-des-Prés, où je restai jusqu'au 50.

La Convention nationale, eu égard à mes

longs services et à ma conduite civile et militaire, m'ayant fait sortir de prison le 30 août, me
fit mettre en arrestation chez moi, sous la garde
de deux gendarmes, payés à mes frais, et jusqu'à ce que le rapport de ce siége fût fait à la
Convention nationale par le comité de salut-public. Robespierre, président de ce comité, s'*opposa* toujours à ce qu'on fit ce rapport; il crai-
gnait sans doute qu'en publiant la conduite hé-
roïque de ma garnison et des habitans de cette
ville infortunée qui s'étaient voués avec moi à sa
défense, il eût dévoilé la faute qu'il avait commise de n'avoir pas fait connaître à la Convention la position de Valenciennes, et l'urgence
des secours dont cette place avait besoin. Je
n'ai jamais pu croire que le comité de salut-public ignorât la faiblesse de l'armée du Nord à
l'époque du blocus de Valenciennes. Avec des
renforts, cette armée aurait pu entreprendre de
faire lever le siége; mais n'étant forte que de
40,000 hommes, ne pouvait-elle pas craindre
d'attaquer une armée assiégeante de cent quarante mille combattans. Le ministre Bouchotte
avait dû se faire rendre compte des motifs qui
avaient forcé les généraux Custines et Kilmaine
à laisser la place de Valenciennes abandonnée
à ses propres forces et manquant d'approvi-
sionnemens. Cependant le prince de Cobourg
et le duc d'Yorck sont convenus que notre
résistance leur avait fait manquer une partie de

la campagne. L'armée ennemie avait perdu pendant le siége au moins vingt-cinq mille hommes; elle avait été obligée de ralentir ses projets d'envahissement, afin de rétablir les pertes qu'elle avait faites pendant les trois mois qu'elle assiégea et détruisit la ville; et je puis dire que si j'eusse capitulé, même après l'incendie de l'arsenal, cinquième jour du bombardement, l'ennemi eût pénétré facilement dans l'intérieur de la république, et achevé sa campagne comme il le désirait. J'ai donc été utile à ma patrie, et pour récompense, je fus privé de ma liberté pendant un an !!

OBSERVATIONS.

J'ai lu le rapport des représentans du peuple Charles Cochon et Briez, et celui du général Dembarère y annexé; ils m'ont paru exacts : mais pour satisfaire tous les témoins de ce mémorable siége, qui est une suite d'événemens journaliers, et de détails plus ou moins intéressans, il m'aurait fallu nécessairement mon journal, qui ne m'a jamais été rendu.

Je suis loin de m'attribuer seul une telle défense. Malgré mon zèle, mon expérience, et mes connaissances dans la partie de la défense des places, il est constant que je n'aurais pu y parvenir, si je n'eusse été secondé par les généraux et officiers supérieurs Boilaud, Richon, Tholozé, Dembarère, Beauregard, Batin, Lecomte, Lebrun, Gambin, Leféron, Fieffée, Boussin, Villemalet, l'Echelle, Mongenot, et par tous les braves de toutes armes dont je voudrais pouvoir citer les noms, et notamment par l'artillerie, qui, dès les premiers jours de juillet, avait mis hors de service une grande partie des bouches à feu de l'assiégeant, et incendié plusieurs de ses magasins à poudre *.

La prise de Condé, qui eut lieu le 17 juillet, fut aussi utile à l'armée de siége que funeste à ma garnison : outre une quantité considérable de munitions, l'ennemi trouva dans Condé beaucoup de canons, de mortiers et obusiers, dont il se servit pour foudroyer Valenciennes. Dans les commencemens du siége, la garnison n'avait de repos qu'une nuit sur cinq. Dès les premiers jours du bombardement, les casernes furent écrasées, les souterrains et les casemates avaient été généreusement cédés aux vieillards, femmes et enfans, en sorte que la troupe prenait son repos dans les rues, sur le rempart et l'esplanade.

Quant aux officiers du génie, je n'avais pas l'honneur de connaître M. Tholozé, chef de

---

* Je dois beaucoup au zèle infatigable de MM. Mongenot, commandant la place; Boussin, major de siége; et Fieffée, chef de bataillon, commandant en second de la place. Ces trois officiers supérieurs m'ont été très utiles, par leur fermeté à maintenir partout le bon ordre et la discipline.

brigade, et M. Dembarère, capitaine, avant l'époque du siége. Attaqué par une armée formidable, voulant imposer à un ennemi puissant et acharné, et surtout au général Ferrari qui dirigeait l'attaque, je me servis de moyens nouveaux pour pousser loin la défense de la forteresse qui m'était confiée. Connaissant parfaitement la place, et toute la responsabilité tombant sur moi, je me décidai de suite à élever au grade de général de brigade, MM. Tholosé et Dembarère, et leur annonçai en même tems qu'ils serviraient en ligne, alternativement, comme les autres généraux. Je m'applaudis souvent du parti que j'avais pris à l'égard de ces deux officiers; pendant tout le siége, ils ont servi d'une manière bien distinguée : j'aime à leur donner ici la part de gloire qui leur est due.

J'ai aussi à me louer du choix de mes aides-de-camp Moraux et Lavignette, tous deux jeunes et infatigables ; le premier, actuellement conseiller de préfecture du département de la Meuse-Inférieure; le second, employé au ministère de la guerre. Jour et nuit exposés au plus grand danger, ils m'ont été fort utiles par leur activité, leur intelligence et leur bravoure. Je leur avais donné deux adjoints, habitans de Valenciennes, nommés Delamme et Duquesne, dont j'ai été très-content *. Ayant besoin d'un

---

* M. Duquesne s'est acquitté avec intelligence du soin de faire masquer, avec du fumier, les portes et poternes de la place.

homme ferme et intelligent pour surveiller les
boulangers et la partie des écluses et des moulins, je fis choix du sieur Decoq, habitant de
Termonde en Brabant ; il s'acquitta gratuitement
de cette mission jusqu'à la fin du siége, et ce service marcha bien.

Ce n'est qu'avec beaucoup d'or que l'ennemi a
pu se ménager des intelligences dans la place, et
payer les traîtres qui lancèrent presque tous les
soirs des fusées, pour l'instruire de ce qui se pas-
sait ; et certainement il n'a pu séduire que les
réfugiés, et une partie des soldats du camp de
Famars qui s'étaient jetés dans Valenciennes.
Sans ce ramas de lâches, la fatale nuit du **25** au
26 juillet n'aurait pas eu lieu. Vers la fin du siége
on plaçait, pour la garde et la défense des ouvrages extérieurs et du front d'attaque, des pi-
quets pris sur toute la garnison. L'inégalité des
bataillons m'avait déterminé à établir ce nouvel
ordre de service. Il paraît que dans cette nuit
les troupes de service étaient composées d'une
partie de ces fuyards, que j'avais incorporés au
commencement du blocus. Moins braves, moins
attachés à leur pays et à leurs devoir, ils étaient
plus susceptibles de se laisser corrompre, et je
suis fondé à le croire d'après l'aveu d'un sergent
d'entre eux, fusillé pour cause de trahison, par
jugement du conseil de guerre. Au moment de
son supplice, il déclara à son confesseur qu'il

4

avait trahi sa patrie, et reçu de l'argent de l'ennemi, pour enclouer les pièces d'artillerie du front d'attaque, et pour ne pas tirer à balles, lorsqu'il serait de garde aux ouvrages avancés.

Quelques jours après, un jeune volontaire, blessé à mort, m'ayant fait appeler, me fit le même aveu, en me prévenant que j'étais trahi par une partie des soldats et par tous les réfugiés dans la place. Quelques recherches que j'aie pu faire, je n'ai pu découvrir les auteurs principaux de cet infâme complot.

Si tous les assiégés eussent pris unanimement les intérêts de la patrie; si l'on m'eût donné une garnison de seize mille hommes au lieu de dix mille; si la place eût été mieux approvisionnée; si les ouvrages de la fortification, du côté du front d'attaque, eussent été achevés, je pense que l'ennemi ne nous aurait jamais forcés à capituler.

Je ne dois pas oublier les grenadiers de la garde sédentaire de Valenciennes, qui ont fait avec beaucoup de zèle le service dans l'intérieur de la place. Deux de ces grenadiers, nommés Cousin et Dénoyer, sauvèrent, par leur courage, la vie aux deux députés Briez et Cochon, qui furent assaillis dans la nuit du 30 au 31 juillet, par des forcenés inconnus qui vou-

laient les assassiner. Il y avait en outre quatre
cents hommes de ladite garde employés pendant
le siége : leur service journalier était dirigé par
le commandant Lapare, sous les ordres de M.
Dechevrand, commandant en chef la garde nationale. Lorsque la garnison évacua la place,
M. Lapare abandonna son domicile, avec d'autres habitans; il fut mis en subsistance dans le
premier bataillon de Loir-et-Cher, et partit
avec ses camarades pour le siége de Lyon.

Je me rappelle avec intérêt les services de M.
Dubois-Durabo, ancien maire de St.-Amand ;
ce brave et loyal fonctionnaire m'a été fort utile
dans ce moment jusqu'à la fin du siége, ainsi qu'en
septembre 1792, à la prise de St.-Amand, que
j'enlevai aux Impériaux, par ordre du général
Moreton. Je n'avais que quinze cents hommes
de toutes armes; le général ennemi avait dix
mille hommes au camp de Maulde, et se dispo-
sait à nous envelopper. Nous dûmes notre salut
au zèle et aux avis toujours sûrs et opportuns
de M. le maire Dubois-Durabo. J'eus le tems de
me replier sur Valenciennes avec toute mon artillerie, et j'emmenai les prisonniers que j'avais
faits en m'emparant de St.-Amand.

Je ne puis aussi donner que des éloges au zèle
et à la fermeté des deux détachemens de troupes à cheval; l'un du 24e régiment de cavalerie,
et l'autre des dragons de la république.

Je me résume, en assurant aux généraux, officiers, soldats de toutes armes et aux habitans de Valenciennes qui ont fait les plus grands efforts pour conserver cette place à la république, que je m'estime heureux d'avoir, presque à la fin de ma carrière militaire, fait avec eux une défense aussi longue, suivie d'une glorieuse capitulation. Guerriers intrépides, braves habitans, qui m'avez secondé, j'ai partagé vos fatigues et vos privations; nous avons fait notre devoir; il faut oublier toutes nos peines; nous en sommes bien dédommagés par le plaisir et la satisfaction de vivre aujourd'hui tranquilles et heureux sous le siècle de Napoléon Ier, le plus illustre des empereurs, dont les vertus bienfaisantes excitent l'admiration générale, et effacent le souvenir de toutes les calamités.

. Puissent les détails véridiques de ce précis, intéresser Sa Majesté Impériale, et attirer ses regards et ses bienfaits sur les défenseurs et sur les habitans de Valenciennes.

Le général de division en retraite, membre de la Légion d'honneur, J.-H. Bécays-Ferrand.

GARNISON DE VALENCIENNES

PENDANT LE SIÉGE.

—◆◆◆—

	Bataillons.
29ᵉ régiment, ci–devant Dauphin,	2
75ᵉ régiment, ci–dev. Royal–Comtois,	1
87ᵉ régiment, ci–devant Dillon,	1
1ᵉʳ bataillon de la Côte-d'Or,	1
1ᵉʳ bataillon de Loir–et–Cher,	1
1ᵉʳ bataillon de la Charente,	1
1ᵉʳ bataillon des grenadiers de Paris,	1
1ᵉʳ bataillon de Mayenne-et-Loire,	1
2ᵉ bataillon de l'Eure,	1
1ᵉʳ bataillon des Deux–Sèvres,	1
1ᵉʳ bataillon de la Meurthe,	1
4ᵉ bataillon des Ardennes,	1
1ᵉʳ bataillon de la Seine-Inférieure,	1
Les grenadiers de la Côte–d'Or,	1
1ᵉʳ bataillon des Gravilliers,	1
2ᵉ bat. permanent de Valenciennes,	1

Total...**17** bat.

Ces dix—sept bataillons composèrent au commencement du siége sept mille neuf cents hommes, ci...................... **7,900**

Deux détachemens de cavalerie du **24**ᵉ régiment, et du **25**ᵉ ci-devant dragons de la république, formant trois cents hommes, ci......................... **500**

Un détachement d'artillerie du **3**ᵉ régiment;

Un détachement d'artillerie du **6**ᵉ régiment ;

Quatre compagnies de canonniers formées par les habitans de Valenciennes;

Une compagnie de canonniers formée par les habitans de Douai;

Huit compagnies d'artillerie parisiennes, commandées par MM. les capitaines Suard, Langlade, Prélat, Laurent, Dugourd et Legendre ;

Ces détachemens et ces compagnies formaient huit cents hommes, ci......... **800**

Total... **9,000**

N° Iᵉʳ.

Proclamation des représentans du peuple Lequinio, Bellegarde et Charles Cochon, adressée, le 3 avril, à l'armée de Dumouriez.

Elle m'a été prise avec d'autres papiers ; je me rappelle seulement que lorsque ces députés l'envoyèrent aux régimens et bataillons de l'armée

du Nord, la trahison allait livrer les troupes au
prince de Cobourg, et que l'énergie de cette proclamation retint sous les drapeaux les braves militaires qu'on avait égarés. La majeure partie de
l'armée se rendit aux environs de Valenciennes.

Nº II.

Proclamation que j'adressai à la garnison de Va-
lenciennes et aux troupes sous mes ordres, can-
tonnées dans les environs de cette place.

Citoyens républicains, mes camarades d'armes, nous sommes tous égaux en droits aux
yeux de la loi; mais cette même loi a établi des
grades différens dans l'armée, où la subordination et l'obéissance doivent être observées sans
relâche : la Nation française ne peut espérer
d'avoir des armées invincibles, qu'autant que
les lois militaires seront suivies ponctuellement.

Celui qui commande à ses camarades doit toujours le faire conformément à la loi; s'il abuse
de son autorité, la loi rendra justice au subor-
donné.

Je vous réitère que je conserve une satisfaction qui a comblé mon ame de reconnaissance,
pour avoir eu l'avantage, pendant plus de 48 ans
que je sers la patrie, d'avoir été obéi d'une manière qui a peu d'exemples; aussi, dois-je les

succès que j'ai eus, soit dans les camps, soit dans les places, à cette honnête déférence qu'ont eue pour moi mes braves camarades d'armes. J'ose espérer que dans cette circonstance, où il s'agit de conquérir sa liberté, vous me continuerez cette marque de confiance. Songez qu'il est une seule mesure pour bien servir sa patrie, et rendre à la république tous les services qu'elle attend de nous, c'est un entier dévouement à la chose publique, et qui ne peut exister parmi les militaires qu'en vertu d'une subordination exemplaire; elle seule peut rendre le vrai Français fidèle à son devoir : en conséquence, nous nous soumettons d'observer scrupuleusement le réglement qui suit :

ARTICLE PREMIER.

Tout militaire faisant partie de la garnison de Valenciennes et des cantonnemens circonvoisins, qui sera trouvé ivre, sera puni très-sévèrement.

ART. II.

Tout militaire qui tirera son fusil dans son logement ou dans son camp, sera puni exemplairement; les armes devront être déchargées avec un tire-bourre.

ART. III.

Je pense qu'il n'est pas besoin de prononcer

des peines pour l'article concernant les trahisons. Si quelques militaires s'aperçoivent de manéges contre la patrie, et qu'ils en arrêtent les auteurs, ils auront soin de ne pas se faire justice eux-mêmes, mais de livrer les traîtres à la rigueur des lois; dans le cas contraire, ce serait une violation de l'ordre social.

Ce sont, mes chers camarades, les sentimens d'un de vos frères d'armes, qui a blanchi dans les camps en combattant les ennemis de l'état; son sang a souvent coulé pour son pays; il se propose encore de le répandre en vous conduisant à la victoire. Je vous déclare que j'y abhorre tous les traîtres, et ne reconnais pour autorité suprême légitimement représentative du Peuple français que la Convention nationale, et je défends à tous mes subordonnés, en exécution de l'ordre qui m'a été transmis, d'obéir désormais au ci-devant général Dumouriez, qui vient d'être suspendu de ses fonctions par les commissaires de la Convention nationale.

Vive la République, etc.

N° III.

Lettre de Frédéric, duc d'Yorck, commandant l'armée combinée du siége de Valenciennes, au général Bécays-Ferrand, commandant de la Place.

Le 14 juin 1793, à 4 heures du soir.

MONSIEUR,

Avant de commencer un siége meurtrier et destructif, je viens vous sommer de rendre à sa Majesté l'Empereur la place où vous commandez, et vous offre une capitulation qui sauvera l'honneur, la vie et les propriétés de la garnison et des habitans. L'alternative en sera terrible; je vous invite très-sérieusement, Monsieur, à balancer deux partis, dont l'un serait la conservation et la protection, l'autre la ruine irrémédiable de toutes les possessions dans cette ville. Puissiez-vous répondre à ma proposition par le même esprit d'humanité qui me l'a dictée.

De la tranchée devant Valenciennes;
Signé FRÉDÉRIC, duc d'Yorck.

N° IV.

Réponse du général J. H. B. Ferrand, commandant en chef la place de Valenciennes, à Frédéric duc d'Yorck, le même jour, à cinq heures.

J'ai reçu la lettre que vous m'avez fait l'honneur de m'écrire, où vous me faites une sommation de rendre la place que j'ai l'honneur de commander au nom de la République française. Il m'est fort aisé de vous faire parvenir promptement ma réponse ; vous voudrez bien en juger par le serment que j'ai renouvelé avec ma garnison et les habitans.

Signé J. H. B. FERRAND *.

N° V.

Proclamation du général J. H. B. Ferrand, à tous les citoyens de Valenciennes, le 21 juin 1793.

CITOYENS,

Le conseil de la commune m'a rendu compte des représentations que plusieurs citoyens lui ont faites relativement à la malheureuse situation qu'ils éprouvent.

Comme vous, chers concitoyens, je suis sensible à ce malheureux événement ; j'en verse même des larmes ; mais je ne peux envisager que mon devoir envers la patrie. La loi me prescrit, sous peine de mort, de ne pas abandonner la défense des remparts jusqu'au terme qu'elle indique. Voudriez-vous qu'après avoir rempli jusqu'ici ma carrière avec honneur, je trahisse la nation, et que j'aille porter ma tête sur l'échafaud ? non, je ne serai jamais traître à la patrie, et je mourrai à mon poste glorieusement.

* *Voyez 4 bis, 4 ter,* à la fin.

Songez, citoyens, que la ville de Valenciennes appartient à la République ; elle est une des principales clefs de la France ; voudriez-vous que je trahisse la nation entière, qui se repose sur la force de cette place, et qui vraisemblablement fait marcher une armée considérable pour venir à notre secours ? On sait que la place ne peut résister qu'un certain tems, après lequel une résistance prolongée ne pourrait résulter que des mesures extraordinaires, qui ne seraient dues qu'au courage de la brave garnison, au généreux dévouement des habitans pour leur patrie, et au zèle infatigable que j'ai voué à la République.

Vous voyez la barbare férocité avec laquelle les ennemis de la République bombardent et brûlent vos maisons : vous courriez à un malheur bien plus grand si ces hommes cruels et sanguinaires pouvaient jamais entrer dans nos murs. Vous savez les atrocités qu'ils ont commises dans les campagnes, où des maisons brûlées, des femmes et filles violées, des enfans égorgés même au berceau et à la mamelle, présentent le tableau le plus horrible ; le même sort vous arriverait ; mais ce n'est pas tout encore : les Anglais tireraient de vous la vengeance la plus terrible, ils puniraient votre faiblesse en faisant raser la ville entière, au lieu qu'il vous est assuré des indemnités ; vos maisons seront reconstruites aux dépens de la nation, vos pertes vous seront payées en entier ; persuadez-vous bien que la patrie, dans cette circonstance, regarde la ville de Valenciennes comme une des citadelles de la République, et que tous les désastres qu'elle supporte en empêchant les progrès de l'ennemi, intéressent vivement la grande famille. En outre, les blessés et les familles de ceux qui auraient eu le malheur de périr, seront toujours les enfans de la patrie, et auront droit à des pensions. Les représentans du peuple Briez et Charles Cochon viennent de mettre à la disposition du conseil général de la commune une somme de cent mille francs pour donner les premiers soins, en attendant que les pertes puissent être constatées et liquidées. Reposez-vous donc sur la providence pour les moyens de délivrance que nous attendons chaque jour; croyez-vous que ma brave garnison trahisse jamais, non plus que moi, le serment que nous avons fait d'être fidèles à la loi et à la nation.

Citoyens, je vous conjure de vous reposer entièrement sur mes soins : vous pouvez disposer de ma vie, mais jamais de mon devoir.

Je vais m'occuper des moyens pour donner des asiles à toutes les femmes, enfans et vieillards. Rendez donc justice à ma conduite ; méfiez-vous de tous ceux qui voudraient parler de capituler

avec l'ennemi avant le tems prescrit par la loi.
Voudriez-vous exposer votre magistrat, vos
époux, vos pères, vos enfans, à une mort certaine et honteuse, si, par un mouvement de
compassion que la loi leur interdit, ils se por-
taient à des actes de faiblesse; je vous exhorte
donc à prendre en considération toutes mes observations, je vous prie surtout de maintenir le
calme et la tranquillité; car si je voyais le moindre trouble, le moindre rassemblement, ou
quelqu'acte défendu par la loi, je ne pourrais
plus me dispenser de faire mon devoir, et d'user
de la plus grande rigueur, quoiqu'il en coûte à
mon cœur et à mon affection pour vous tous.

Signé J. H. B. FERRAND.

N° VI.

*Seconde sommation de Frédéric duc d'Yorck,
au général Ferrand, le 26 juillet.*

Le désir de retrancher autant que possible des
malheurs irrémédiables qu'entraîne une résistance inutile, m'avait dicté la proposition que je
vous ai faite le 14 juin dernier; vous ne l'avez
pas écoutée, soit que vous crussiez être en état
de faire face à la manière dont vous seriez attaqué, soit que vous vous flattassiez d'être secouru.

Mais aujourd'hui qu'il semble que cette double erreur doit être détruite, le même amour d'humanité vient vous offrir une capitulation qui sauverait votre honneur avec ce qui reste de propriétés aux malheureuses victimes de votre obstination.

Voulez-vous arracher aux nécessités de la guerre la destruction complète de cette belle ville, ou voulez-vous conserver ce qui a échappé jusqu'à présent. Je dois vous dire, en gémissant sur les horribles suites d'une opiniâtreté qui n'a plus de terminaison, ni politique, ni militaire : votre réponse va prononcer irrévocablement le sort de Valenciennes; après ce jour vous ne serez plus admis à capituler; je n'écouterai aucune proposition, et la ville étant prise d'assaut, vous ne savez que trop quelles en sont les suites terribles.

Signé FRÉDÉRIC, duc d'Yorck.

N° VII.

Lettre du duc d'Yorck à la municipalité de Valenciennes, le 26 juillet.

Je vous envoie copie de ce que j'écris au commandant de votre ville, en vous prévenant qu'il va vous exposer à un traitement horrible, s'il refuse cette fois d'accepter l'offre d'une capitulation qui sauvera l'honneur de la garnison et le reste de vos propriétés; vous devez ce traitement à une opiniâtreté bien mal vue dans la circonstance où il ne vous échappera pas qu'il ne peut vous défendre, ni être secouru. Sa proclamation du **21** juin est un *libelle* contre les armées qui sont devant vos murs. La réputation de ces armées, braves et disciplinées, ne peut être tâchée de pareilles calomnies : mais craignez la vengeance d'un soldat irrité par de pareils écrits. Le chef le plus humain ne pourrait vous y soustraire, si vous en laissiez venir à ces extrémités ; gardez-vous des insinuations qui sacrifient tout ce que vous possédez à l'intérêt d'un seul, et que ceux d'entre vous qui peuvent et veulent le bien, écartent vîte, par une délibération sage, la dévastation et le carnage qui suivraient une résistance prolongée infructueusement de quelques jours. Si votre commandant ne capitule pas aujourd'hui, demain il ne sera plus admis : si votre ville est prise d'assaut, elle sera pillée, et rien ne pourra empêcher que les soldats et les bourgeois ne soient massacrés ; puisse cet exemple terrible que j'aurais voulu vous éviter, influer sur les autres villes, et donner assez d'énergie aux bons habitans pour les soustraire au sort qu'une impardonnable mollesse leur fait partager dans la vôtre avec les méchans.

Signé FRÉDÉRIC, duc d'Yorck.

N° VIII.

Représentation du conseil général de la commune de Valenciennes au général Ferrand, commandant en chef dans la place.

Le 26 juillet 1793.

Personne n'ignore les sacrifices que cette ville vient de faire : la plus grande partie des propriétés détruite; un grand nombre d'habitans écrasés sous les ruines des maisons ou tués par le fer de l'ennemi; presque toutes les femmes et les enfans ensevelis dans les souterrains, y respirent un air fétide, dont la malignité se propage, et les conduit à la langueur et à l'anéantissement, dont quantité se trouve déjà victime de cette maladie, par le défaut de médicamens, de médecins et chirurgiens, dont la plupart sont morts, malades ou blessés.

La désolation des campagnes environnant cette cité, réunie à tant de maux intérieurs, fait penser au conseil général de cette commune qu'il a acquis le droit de représenter au général Ferrand, commandant de cette place, que depuis quatre-vingt-sept jours, c'est-à-dire, depuis le 1ᵉʳ mai, elle est assiégée; qu'elle est bombardée depuis quarante-trois jours et quarante-trois nuits sans relâche; que néanmoins, depuis cette époque, notre armée ne s'est point présen-

5

tée à notre vue ; cependant la résistance présu-
mable d'une place telle que celle-ci, quand elle
est assiégée, est connue du Conseil exécutif de
la République et des généraux de nos armées. —
Nous ne pouvons nous dissimuler que notre armée a tenté trois fois, sans succès, de secourir
Condé ; que cette place a dû succomber ; et
qu'au moment où nous avions le plus besoin de
sa présence, cette armée a abandonné, presque
sans résistance, la position qui empêchait l'ennemi de nous attaquer. On observe que cette armée est partie du camp de Famars, moins forte
de vingt-trois mille hommes que lorsqu'elle a
tenté de secourir Condé.

Les obligations de la République envers nos
concitoyens, et de nos concitoyens envers la
République sont réciproques ; la République,
au contraire, peut-être, par des raisons majeu-
res, et pour ne pas compromettre le sort de son
armée, n'est venue aucunement à notre secours ;
et par là, elle est censée nous abandonner à nous-
mêmes, et à la première de toutes les lois, celle
de la nature, qui nous commande impérieuse-
ment le soin de notre conservation.

Après une résistance si opiniâtre, et telle que
l'histoire ne montre pas d'exemple, pourquoi,
lorsqu'il en est tems aujourd'hui, ne pas conserver l'honneur et la vie de la garnison par une

capitulation honorable qui nous est offerte par le
général de l'armée combinée; il n'y aura point,
plus tard, de motif suffisant à présenter à l'ennemi, pour le déterminer à renoncer à prendre
la ville à discrétion, lorsque, si l'on peut se servir de cette expression, il nous tiendra au col-
let; comment alors, le général pourra-t-il, malgré son désir, remplir la promesse solennelle
consignée dans la proclamation de l'arrêté du
conseil de guerre du 2 juillet, par laquelle il
s'engage à ne pas compromettre la vie des habitans et de la garnison, et surtout après ce qui
s'est passé cette nuit?

Comme toute défense doit avoir un but utile,
d'après les considérations ci-dessus, et d'après
la sommation adressée particulièrement à la municipalité par Frédéric duc d'Yorck, le conseil
général est convaincu que, quelques jours de
plus d'une résistance inutilement prolongée, en-
traineraient dans une perte inévitable une grande cité, une multitude de citoyens qui ont déjà
tant souffert, et une partie considérable de l'armée de la République, sans utilité pour elle.

Général, vous devez être assez fier d'une résistance telle, qu'aucune ville assiégée et bombardée tout-à-la-fois d'une manière si terrible,
que l'historien n'en montre pas d'exemple, pour
croire avoir déjà éminemment rempli votre de-

voir et mérité un témoignage honorable de la Nation.

Ont signé : *Benoit l'ainé*, *Portalès*, maire; *Hécart*, *Remi-Pillion*, *Lanen-Plichon*, *Ravestin* fils, *Doille*, *Scribe*, *Rebut-Dufrenoy*, *Joseph Verdavaine*, *Fenaux*, *Ravestin* père, *Brabant*, *Hamoir*, procureur de la commune; *Wattecamp*, *Prévost-Hérant*, *Hourez*, *Holande*, *Abraham*, *Delahaye*, *Mortier*, secrétaire-greffier.

Ces représentations ayant été lues à tous les citoyens assemblés, la municipalité les engagea à nommer onze députés pour les signer, et ont signé, savoir : *Perdry* cadet, *Flory* fils, *Bécart*, *Lussigny*, *Deruesne*, *Vanier*, *J.-B. Henry*, *Dusquène*, *Henry de Bavay*, *Chefdeville* et *Rhoné Dath*.

A Valenciennes, le 26 juillet 1793.

Signé MORTIER, *secrétaire-greffier.*

N° VIII *bis.*

Vu le découragement et la rébellion des personnes réfugiées dans la place, et des soldats fuyards qui avaient abandonné leur corps lors de la levée du camp de Famars (**23** mai), je fus contraint d'assembler aussitôt le conseil de guerre général, et après que nous eûmes mûrement

pesé les considérations détaillées ci-dessus, il
en résulta les vingt-cinq articles pour la capitulation.

L'an **1793**, IIe année de la République fran-
caise, le **27** juillet, le conseil de guerre assemblé
extraordinairement pour délibérer sur la situation de la place de Valenciennes, *considérant :*

1° Que le siége et le bombardement de cette
place, qui ont eu lieu sans interruption depuis
le **14** du mois de juin dernier d'une manière
dont l'histoire n'offre pas d'exemple, ont réduit
cette ville dans l'état le plus déplorable, que la
moitié des bâtimens sont écrasés, l'autre moitié
est fort endommagée.

2° Que le nombre de victimes encombrées,
écrasées sous les débris, ainsi que tous les citoyens qui ont été frappés des bombes et des
boulets, présente également le spectacle le plus
déchirant.

3° Qu'il n'existe plus d'asiles pour réfugier les
vieillards, les femmes, les enfans et la garnison ;
la maladie épidémique s'y étant manifestée, et
cette maladie exerçant les plus cruels ravages
dans toute la ville.

4° Que l'hôpital-général, dont les emplacemens paraissent les plus à l'abri, sont criblés de bombes et de boulets, au point que le local destiné au logement des soldats malades n'est plus habitable.

5° Qu'il n'existe plus aucun autre emplacement pour les malades ; plusieurs des chirurgiens ont été tués et écrasés, que les autres sont attaqués de maladies, et qu'il n'y a plus aucun moyen de pourvoir au soin des malades.

6° Que les malheurs du peuple sont à leur comble, et que c'est au milieu des cris, des douleurs et des gémissemens de tous les infortunés, que le conseil-général de la commune, d'après la nouvelle menace de Frédéric d'Yorck, a présenté le vœu de ses concitoyens pour la capitulation, vœu qui a été soutenu et appuyé par une multitude de citoyens présens, et par onze députés que la commune a choisi en conformité de la loi.

7° Que l'incendie de l'arsenal, la consommation de la plus grande partie des munitions, et la circonstance qu'un grand nombre de bouches à feu sont hors de service, ne laissent plus de ressources certaines.

8° Que la garnison est diminuée de moitié, tant par mort que par maladies et blessés ; que le reste est exténué de fatigues, ayant à peine une nuit sur cinq.

9° Que le **25** de ce mois, vers dix heures du soir, l'ennemi ayant fait sauter nos mines, s'est emparé des chemins couverts et de l'ouvrage avancé; qu'il en est résulté de grandes pertes, et que les soldats n'ont pu tenir leur poste, que ceux qu'on y a renvoyé ensuite en sont revenus aussi pêle-mêle aux deux poternes, au point que l'ennemi a failli entrer par les poternes par force majeure *.

10° Qu'il est constaté que la place ne peut tenir plus de six jours, en supposant même que ce qui reste de garnison, accablé et harrassé de fatigue, puisse apporter la résistance convenable, dans la circonstance surtout qu'on pourrait monter à l'assaut de deux côtés.

11° Que la brèche est déjà faite, et que les-

* C'est par erreur que le conseil de guerre et les autorités constituées avaient annoncé que nos mines avaient sauté dans la nuit du 25 au 26 juillet.

Après la capitulation, on s'est assuré qu'il n'y avait eu que l'explosion de trois fourneaux de mines que l'ennemi avait faits sur le saillant de l'ouvrage à corne de Mons; ces trois fourneaux étaient, à la vérité, très-près de nos mines qui étaient, dans cette partie, dénuées de galeries d'écoute. Nous en faisions faire, tant pour cet objet que pour éventer les fourneaux de l'assiégeant; néanmoins, lors de l'explosion desdits fourneaux, nos mineurs périrent dans les galeries voisines.

six jours que la place peut encore tenir ne sont
à mettre en balance avec les inconvéniens cruels
qui résulteraient d'un pillage et d'un massacre
universel.

12° Que le conseil de guerre s'est solennelle-
ment engagé envers les citoyens, par son arrêté
du 2 de ce mois, de sauver la vie, l'honneur et
les propriétés de tous les habitans.

13° Considérant aussi qu'il n'y a aucune cer-
titude, ni même l'espoir bien fondé d'avoir du
secours dons un si court intervalle, après avoir
attendu inutilement l'espace de plus de six semaines, et sans que depuis la première époque
du *blocus* l'on ait jamais reçu aucune nouvelle de
l'intérieur, directement ou indirectement, outre
la crainte que la garnison ne puisse plus tenir à
de nouvelles fatigues.

14° Que déjà les troupes envoyées, le 26 à
midi et le 27 au matin, aux avant-postes du
front d'attaque, les ont abandonnés, parce que
ceux de la garnison envoyés à ce poste avaient
déjà perdu leur énergie, ce qui ne peut prove-
nir que de la grande fatigue et de l'affaiblisse-
ment qu'ils éprouvent. Que les officiers-généraux
qui commandaient ces avant-postes n'ont jamais
pu les contenir.

15° Qu'aujourd'hui, après ce refus, plusieurs

soldats se sont portés au pillage du magasin des effets militaires , ce qui ajoute l'indiscipline à l'insubordination et à tous les autres effets de découragement.

Mû par toutes ces considérations, et déterminé principalement et uniquement par la demande formelle et fortement exprimée de tous les habitans de la commune,

Le conseil de guerre a arrêté et arrête de proposer la capitulation suivante :

ARTICLES

DÉ CAPITULATION

Proposés par le général de division FERRAND, *commandant les troupes de la République Française à Valenciennes,*

A FRÉDÉRIC DUC D'YORCK, Commandant l'armée combinée du siége de Valenciennes.

Le général FERRAND *remettra au duc* D'YORCK *la ville et la citadelle de Valenciennes, aux conditions suivantes :*

ART. Iᵉʳ. La garnison sortira avec les honneurs de la guerre, ainsi que tout ce qui tient au militaire.

2. Toutes les munitions quelconques, pièces d'artillerie et tout ce qui compose et fait partie de l'armée lui sera conservé.

3. La garnison sortira de la place le sixième jour après la signature de la

RÉPONSES.

Le général FERRAND *remettra à son Altesse Royale le* duc d'YORCK, *commandant en chef l'armée combinée employée au siége de Valenciennes, pour Sa Majesté l'empereur et roi, la ville et citadelle de Valenciennes, aux conditions ci-après stipulées.*

ART. Iᵉʳ. La garnison sortira par la porte de Cambrai avec les honneurs de la guerre, et mettra bas les armes à la maison dite la Briquette, où elle déposera ses drapeaux et canons de campagne, sans les avoir endommagés d'une manière quelconque, il en sera de même des chevaux de cavalerie, artillerie, des vivres et autres services militaires, ceux des officiers leur seront laissés avec leurs épées.

2. Refusé.

3. La garnison sortira le premier d'août ainsi qu'il est dit à l'art. Iᵉʳ, et comme elle sera prisonnière de guerre, il lui sera indiqué,

capitulation , par la
porte de Tournai, pour
se rendre dans tel lieu
de la République que
le général Ferrand ju-
gera convenable, avec
armes et bagages, che-
vaux , tambours bat-
tans, mêches allumées
par les deux bouts ,
drapeaux déployés , et
tous les canons qu'elle
pourra emmener.

24 heures avant sa sortie ,
l'endroit où elle se rendra
en France pour y prendre
la parole d'honneur et le
revers des officiers ainsi que
les autres arrangemens relatifs aux soldats, qui s'en-
gageront à ne pouvoir servir pendant toute la durée
de la présente guerre contre les armées de S. M. et
celles de ses alliés , sans
avoir été échangés , con-
formément aux cartels et
sous les peines militaires.

4. Les autres pièces d'artillerie seront évacuées
dans la huitaine après
le départ de la garni-
son, ainsi que les mu-
nitions et le mobiliaire
militaire.

4. Refusé pour ce qui concer-
ne l'artillerie et générale-
ment toutes les munitions
de guerre et de bouche , et
autres objets militaires ,
mais accordé pour tout ce
qui est du mobile person-
nel des officiers et soldats
de la garnison.

5. Les voitures et chevaux nécessaires pour
le transport des baga-
ges et pour monter les
officiers, seront payés
de gré à gré.

5. Il sera fourni , par mi-
payant, à la garnison , ce
qui lui sera nécessaire en
voitures et chevaux pour
le transport de ses baga-
ges, et les commissaires de
guerre qui resteront de sa
part dans la place , seront
personnellement responsa-
bles du retour desdites voitures et chevaux.

6. Il sera fourni le nombre de douze chariots

6. Refusé.

couverts, c'est-à-dire,
qui ne seront point vi-
sités.

7. Les soldats convales-
cens en état d'être
transportés, seront em-
menés, et les voitures
nécessaires pour ce
transport seront four-
nies également par les
assiégeans.

8. Quant aux malades qui
ne pourront souffrir
le transport, ils reste-
ront dans les hôpitaux
qu'ils occupent, soi-
gnés aux frais de la
République par les
officiers de santé qui
y sont attachés, sous
la surveillance d'un
commissaire des guer-
res, et lorsque ces ma-
lades seront en état
d'être transportés, il
leur sera de même
fourni des voitures.

9. Les représentans du

7. Accordé sous les conditions de l'art. 5.

8. Accordé, bien entendu que les commissaires restés pour l'administration éco-nomique des hôpitaux, se-ront soumis à la police militaire, ainsi que ceux dont il est question dans l'article 5, et que les sol-dats convalescens seront prisonniers, comme il est stipulé à l'article 3.

9. Tout ce qui n'est pas mi-

peuple et toute personne attachée à la République, sous quelque dénomination que ce puisse être, participeront à la capitulation du militaire, et jouiront des mêmes conditions.

10. Les déserteurs resteront réciproquement dans les corps où ils sont, sans être inquiétés ; à l'égard des prisonniers, ils pourront être échangés.

11. Il sera nommé de part et d'autre des commissaires pour constater les objets qui seront adjugés à la République, ainsi que tous les papiers concernant l'artillerie, les fortifications et greffe militaire, tant ceux de cette place que de toute autre place appartenante à la Républi-

litaire étant réputé bourgeois, jouira du traitement accordé à cette classe.

10. Refusé ; les déserteurs seront livrés scrupuleusement avant la sortie de la garnison, et l'on fera les perquisitions nécessaires pour trouver ceux qui pourraient être cachés. Les prisonniers autrichiens et ceux des puissances alliées seront rendus de bonne foi.

11. Il sera nommé des commissaires de tous les départemens militaires et civils pour recevoir les papiers, effets et bâtimens militaires, artillerie, fer coulé, arsenaux, munitions de guerre et de bouche, caisses militaires et civiles, en un mot tous les autres objets appartenant au gouvernement, sous quelle dénomination que ce puisse être ; les commissaires seront introduits dans la Place immédiatement après l'échange des ôtages, les chefs des différens corps seront personnellement responsables des infidélités qui se seraient commises dans la remise des papiers, caisses, artillerie et autres objets ci-dessus nommés.

que. Il en sera de même pour les papiers de toutes les administrations civiles et militaires.

12. Les habitans des deux sexes actuellement en cette ville, ou y réfugiés ; les fonctionnaires publics et tous autres agens de la République française, auront leur honneur, leur vie et leurs propriétés sauves, avec la liberté de se retirer où ils voudront.

12. L'ordre et la discipline des armées alliées garantissent les bourgeois de toute espéce d'insulte dans leur personne et leurs effets.

13. Pour le maintien de l'ordre, de la police, la sûreté des personnes et la conservation des propriétés, les autorités constituées et les tribunaux resteront en fonctions jusqu'à ce qu'il y soit autrement pourvu. Les jugemens des tribunaux seront maintenus, et aucune

13. Refusé ; mais les corps administratifs et judiciaires seront maintenus jusqu'à ce qu'il y ait été autrement pourvu par S. M. Impériale.

autorité constituée ne
pourra être recherchée
pour les faits légaux de
son administration ou
de sa juridiction.

14. Personne ne pourra
être inquiété pour ses
opinions telles qu'elles
aient été, ni pour ce
qu'il aura dit ou fait
légalement avant ou
pendant le siége.

14. L'intention de Sa Majesté l'Empereur et Roi est que les habitans ne soient aucunement inquiétés.

15. Les habitans ne seront pas assujettis au
logement des gens de
guerre.

15. Accordé, autant que l'existence et la capacité des bâtimens militaires le permettront.

16. Les habitans ne pourront être obligés à au-
cun service militaire,
et ceux qui l'ont fait
jusqu'à présent ne
pourront être considé-
rés comme tels.

16. Les habitans ne seront obligés de faire de service militaire que dans les cas usités dans les provinces de Sa Majesté l'Empereur aux Pays-Bas; quant à ceux qui sont armés ou en uniforme, ils seront traités comme les autres militaires, selon l'art. 3.

17. Les habitans ne pourront non plus être te-
nus aux corvées mili-
taires.

17. Renvoyé a l'art. 16.

18. Ceux qui voudront aller habiter ailleurs seront libres de sortir de la ville avec leurs ménages, bagages, meubles et effets, de disposer de leurs immeubles ou réputés tels, au profit de qui bon leur semblera, dans le terme de six mois.

18. Il sera permis aux habitans de se retirer avec leurs effets, dans l'espace de six mois, où bon leur semblera, et il leur sera délivré des passeports en conséquence.

19. Tous ceux qui voudront rester ou venir habiter en cette ville y seront reçus, et jouiront des mêmes avantages que les autres habitans.

19. Accordé.

20. Les monnaies actuelles, notamment les assignats, continueront d'avoir cours.

20. Refusé de reconnaître les assignats comme monnaie jusqu'à disposition ultérieure.

21. Les domaines nationaux, vendus en conformité aux lois existantes, seront conservés aux acquéreurs.

21. Cet art. n'étant point du rapport militaire, sera réservé, comme le précédent, à des dispositions ultérieures.

22. La commune conti-
nuera de jouir des
propriétés qu'elle pos-
sède actuellement,
tant mobiliaires qu'im-
mobiliaires, notam-
ment les blés qu'elle a
en magasin pour la
subsistance des habi-
tans.

22. Renvoyé à l'article précédent. Quant aux blés,
aux magasins, on en dis-
posera au profit de celui
à qui il appartient de
droit.

23. Les colléges, hôpitaux et autres établis-
semens de charité de-
meureront en la libre
et paisible possession
et jouissance de tous
leurs biens, tant meu-
bles qu'immeubles.

23. Accordé pour toutes les
propriétés légitimes.

24. Toutes dettes contractées avant et du-
rant le siége par la mu-
nicipalité et le conseil
général de la commu-
me et autres autorités
constituées, tant liqui-
dées qu'à liquider, se-
ront tenues pour léga-
les et bien contractées.

24. Les dettes contractées
par la garnison, les militaires, bourgeois et habitans quelconques seront
liquidées à la satisfaction
des parties.

6

25. S'il survient quelques difficultés dans les termes et conditions de la capitulation, on les entendra toujours dans le sens le plus favorable à la garnison de la place et aux habitans.

A Valenciennes, le 27 Juillet 1793, 2° de la République française.

Signé : le général de division FERRAND.

25. Toutes les réponses ci-dessus étant clairement é-noncées, cet article est sans objet.

ARTICLES ADDITIONNELS.

ARTICLE PREMIER.

Aujourd'hui **28** juillet à **7** heures du soir, la garnison livrera aux troupes de l'armée du siége, les dehors, la demi-lune, la couronne, la contre-garde et le pâté de la porte de secours de la Citadelle, ainsi que la demi-lune et l'ouvrage à corne de la porte de Cambray, et, afin que l'ordre soit observé jusqu'à la sortie de la garnison, elle gardera l'intérieur des portes du corps de la place, de la citadelle et de la ville jusqu'à la sortie.

ART. II.

Si la réponse n'est pas rendue par le général Ferrand avant **7** heures du matin, on lui déclare que le feu de la tranchée recommencera à **9**, où la trève sera rompue par son silence.

ART. III.

Les Chefs des différens corps qui ont des papiers ou effets à remettre resteront dans la place, jusqu'à ce que les remises et inventaires aient été clos par les commissaires Impériaux.

ART. IV.

Aussitôt que la capitulation sera signée, on enverra dans la place des ôtages, savoir : un colonel, un major et un capitaine, qui seront échangés contre des officiers de grade pareil de la garnison, lesquels otages seront rendus aussitôt après l'exécution des articles de la capitulation.

Donné à mon quartier-général devant Valenciennes, le 28 juillet 1793.

> Signé FRÉDÉRIC, duc d'Yorck,
> commandant l'armée combinée
> au siège de Valenciennes.

Nous, commissaires soussignés, nommés et envoyés vers S. A. R. le duc d'Yorck, en vertu des pouvoirs à nous délégués par le général Ferrand, commandant de la ville et citadelle de Valenciennes, et contenus en sa lettre du **28** juillet **1793**, adressée au duc d'Yorck, laquelle demeurera annexée en l'original à la présente capitulation ; avons signé et consenti les articles ci-dessus.

Fait au quartier-général de S. A. R. le duc d'Yorck, le 28 juillet 1793.

Sont signés : *Tholozé*, directeur des fortifications, faisant les fonctions de général de brigade ; le général de brigade *Boillaud* ; *Brunière*, capitaine au 1ᵉʳ bataillon de la Nièvre ; *Hamoir* ; *Lanen–Plichon* ; *J.-C. Perdry* le cadet.

> *Collationné conforme à l'original.*
> MORTIER, Secrétaire-Greffier.

NOTA. J'envoyai la capitulation , contenant 25 articles , au duc d'Yorck , dans la matinée du 27 juillet ; ce prince me fit dire par mon aide-de-camp Lavignette , qui lui porta mon message , qu'il m'enverrait sa réponse à six heures du soir. Elle ne me parvint que le 28 à deux heures du matin ; n'ayant pas été satisfait du contenu , j'assemblai de nouveau le conseil de guerre général, pour lui faire part d'une seconde lettre [n° 9] que je me proposais d'écrire à son Altesse Royale.

N° IX.

Copie de la Lettre du général Ferrand, comman-
dant de la place de Valenciennes , à Frédéric
duc d'Yorck , commandant de l'armée combinée
du Siége devant Valenciennes.

Du 28 juillet 1793 , l'an 2ᵉ de la République Française.

A la réception de votre Lettre , j'ai assemblé le conseil de guerre ; d'après que nous avons pris connaissance des articles qu'elle contient. Il nous a paru très-évident que la promesse que vous nous avez faite hier n'avait pas lieu , en ce qu'il n'est pas mention de capitulation honorable dans les articles que vous nous proposez.

En conséquence , je persiste , ainsi que les membres du conseil de guerre , dans l'article premier en son entier ; nous demandons en outre que les citoyens Cochon et Briez, représentans du peuple et leurs deux secrétaires , accompagneront la garnison. Nous persistons sur l'article **2** , par la demande d'une pièce de campagne de **4** ou de 8 , et leur caisson par bataillon ; nous persistons également dans l'article 5, en restreignant la sortie de la garnison à trois jours, et enfin dans l'article 6, réduisant notre demande à six chariots au lieu de douze, à l'égard des articles 8, 10 et 11 dans tout leur contenu.

J'ai l'honneur de vous envoyer six commissaires, tant civils que militaires, qui vous remettront cette lettre, ils sont chargés d'entrer en arrangement, et ont tout pouvoir à cet effet.

La garnison que j'ai l'honneur de commander a combattu si glorieusement pendant le siége, qu'elle s'immortalisera en défendant la place et terminant sa carrière militaire sur la brèche, lorsqu'elle existera.

Signé le général de division FERRAND.

Collationné conforme à l'original.

Mortier, Secrétaire-Greffier.

PIÈCES

N° IV *bis*.

Lettre du duc d'Yorck à la municipalité de Valenciennes,
du 14 juin 1793.

Messieurs,

Le siége que je dois faire nécessairement de
la ville que vous habitez, entraînera inévitable-
ment la ruine de vos maisons et de vos fortunes ;
la perte de vos propriétés et plus ou moins celle
de votre existence. Je sens vivement combien ce
devoir est terrible ; c'est pourquoi, persuadé que
l'honneur des armes s'accorde très-bien avec les
sentimens de l'humanité, j'ai envoyé au commandant de la place la sommation ci-jointe ;
j'y ai plaidé votre cause avec franchise et loyau-
té. Si vous êtes attachés à vos propriétés, à votre existence, écartez, prévenez, par vos con-
seils et par votre influence, la ruine d'une ville
aussi florissante que la vôtre. Après ce que vous
venez de lire, vous ne pourrez plus m'accuser
de cruauté ; mais je vous réitère que la résolu-

tion que vous prendrez va décider de votre sort ;
il sera heureux ou terrible.

De la tranchée devant Valenciennes, le 14 juin 1793.

Signé FRÉDÉRIC, *duc* d'Yorck.

N° IV *ter*.

*Réponse de la Municipalité de Valenciennes à Frédéric,
duc d'Yorck.*

Nos propriétés et notre existence ne sont rien
auprès de notre devoir. Nous serons fidèles au
serment que nous avons fait conjointement avec
notre brave général, et nous ne pouvons qu'ad-
hérer à la réponse qu'il vous a faite.

Fait à la maison Commune, le conseil du district réuni à celui de la Commune, le 14 juin
1793.

Signé A. P. Pourtalès, maire ; Mortier, se-
crétaire.

ADRESSE ET PÉTITION

DES CANONNIERS ET AUTRES PATRIOTES RÉFUGIÉS

DE VALENCIENNES,

à la Convention Nationale.

Extrait du Bulletin de la Convention Nationale, du sixiè-
me jour de la troisième décade du premier mois de l'an
second de la République une et indivisible.

CITOYENS REPRÉSENTANS DU PEUPLE,

Nous venons, en notre nom et en celui de nos
frères d'armes, vous témoigner l'expression des
vœux et des sentimens des canonniers bourgeois
de Valenciennes; nous y venons aussi au nom de
tous nos concitoyens réfugiés de cette ville pros-
crite dans l'opinion : parce qu'elle est maintenant
souillée par la présence des satellites du despo-
tisme, cette citée n'en est pas moins célèbre par
ses malheurs et par sa longue résistance à un siége
de près de trois mois, et à un bombardement
de quarante-trois jours et quarante-trois nuits
sans aucune interruption. L'histoire n'offre pas
d'exemple d'une attaque aussi meurtrière et prolongée d'une manière aussi affreuse, ni d'une résistance aussi opiniâtre.

Une si belle défense n'a été souillée dans les

derniers jours, que par la lâcheté et la trahison de plusieurs officiers et soldats des troupes de ligne qui formaient une partie de la garnison. Ce sont eux qui ont favorisé l'insurrection des habitans, c'est-à-dire, des aristocrates et des malveillans de l'intérieur. Mais cette lâcheté, cette trahison qui ont devancé de quelques jours la reddition de la place, peuvent-elles déshonorer les défenseurs de la patrie, demeurés fidèles à leurs devoirs et à leurs sermens? Elles ne rendent que plus affligeante et plus digne de votre bienveillance, la position des citoyens et des patriotes persécutés, qui ont abandonné les restes de leurs propriétés, échappés aux flammes, pour venir chercher un asyle sur la terre sacrée de la liberté.

Nous gémissons à juste titre, Citoyens législateurs, quand nous pensons que le moindre secours nous aurait procuré les mêmes droits, les mêmes honneurs que les villes de Bergues et de Dunkerque viennent d'obtenir : nous avions toujours devant les yeux la glorieuse résistance de la ville de Lille ; mais quarante-trois jours et quarante-trois nuits de courage et de persévérance n'ont pu nous faire obtenir un succès que d'autres avaient éprouvé en huit jours, et dans une position mille fois plus avantageuse que la nôtre.

Quoi qu'il en soit, Citoyens législateurs, nous

n'avons jamais aspiré, nous n'aspirons encore qu'au salut de la patrie ; nous n'avons vu et nous ne voyons qu'elle seule dans tous les maux que nous avons soufferts et que nous souffrons encore chaque jour. Notre premier devoir, en nous réunissant à Saint-Quentin, le 16 du mois d'août dernier, a été d'émettre notre vœu sur l'acte constitionnel ; nous y avons donné notre adhésion formelle, nous avons juré de le reconnaître et de le maintenir dans tout son contenu, jusqu'à la dernière goutte de votre sang. Nous déposons entre vos mains le procès-verbal de ces sermens, que nous ne trahirons jamais.

Si ce procès-verbal n'est pas revêtu d'un plus grand nombre de signatures, il ne faut l'attribuer qu'à la dispersion de nos citoyens. Les canonniers bourgeois, soldés par la République, sont déjà sous les murs de Lyon, les autres sont réfugiés à à Lille, à Douai, à Laon et dans d'autres villes de l'intérieur ; les patriotes réfugiés de Valenciennes sont en très-grand nombre ; mais tous nous ont chargés d'exprimer pour eux les mêmes vœux et les mêmes sentimens : ils les ont aussi manifestés de vive voix et par écrit aux citoyens Cochon et Briez, vos commissaires à Valenciennes; plusieurs se sont mis en subsistance dans les bataillons de volontaires, pour aller combattre les rebelles.

Qu'il nous soit donc permis, Citoyens représentans, de vous exposer leur situation et la nôtre : nous avons tout abandonné, propriétés, fortune, commerce, etc., pour l'amour de la patrie : vous ne nous délaisserez pas ; vous considérerez surtout les pères de famille dont les besoins sont encore plus pressans. Il en est plusieurs dont les talens peuvent être employés utilement dans les armées, soit dans la partie des hôpitaux, soit dans celle des vivres ou des charrois ; d'autres ont l'aptitude nécessaire pour travailler dans les bureaux de la régie du timbre ou de l'administration des domaines nationaux. Vous trouverez dans votre sagesse les moyens de venir à leur secours, sans surcharge pour les finances de l'Etat.

Citoyens législateurs, vous avez décrété des secours en faveur des patriotes réfugiés de Mayence ; vous en avez également décrété en faveur de ceux du département de Jemmapes : nous avons droit à la même bienfaisance : comme eux nous sommes malheureux, comme eux nous sommes les enfans de la patrie ; et s'il pouvait y avoir quelque différence, c'est que nous en sommes les enfans nés.

Mais, Citoyens représentans, l'honneur, qui fut toujours plus cher que la vie, est aussi le point qui nous intéresse le plus. Vous avez décrété que la garnison de Mayence avait bien mé-

rité de la patrie : vous décréterez également que
les bataillons de volontaires et les canonniers
bourgeois de Valenciennes ont bien mérité de
la patrie ; vous le devez aux principes de l'éter-
nelle justice, qui font toujours la base de vos décrets ; vous le devez à notre courage, à notre dévouement, et, nous osons le dire, à notre intrépi-
dité dans les postes les plus périlleux. Nous y
sommes demeurés seuls dans la fatale et cruelle
nuit du **25** au **26** juillet, malgré l'abandon d'une
partie des canonniers de ligne ; vous nous en ré-
compenserez par le seul titre qui soit cher à un
républicain ; vous le devez encore à ceux d'entre
nous qui, au péril de leurs jours, ont arraché
vos commissaires au fer des assassins ; vous le devez enfin, aux mânes de nos concitoyens morts
sur les remparts ; et nous vous rappellerons qu'il
en est parmi eux dont le dévouement fut d'autant
plus généreux, que leur service était purement
volontaire et gratuit ; vous y comprendrez aussi
les canonniers bourgeois de la ville de Douai,
dont le courage et les efforts ont constamment
soutenu les nôtres.

En même tems que nous invoquons pour nous
la justice nationale, que nous avons cru devoir
laisser précéder du rapport de vos commissaires,
qu'il nous soit aussi permis, Citoyens législateurs,
de la réclamer en faveur de notre brave général
Ferrand : nous ignorons quels peuvent avoir été

les motifs de son arrestation ; mais pendant vingt
ans qu'il habita nos murs, sa conduite populaire
fut toujours l'objet de notre amour et de notre
reconnaissance ; ses sentimens républicains de-
vancèrent la révolution. Choisi d'abord pour commander en chef la garde nationale, il fit une
guerre continuelle à l'aristocratie, et protégea
toujours la classe indigente ; il ne quitta ce poste
que pour accepter le commandement militaire de
la place de Valenciennes ; il continua toujours de
s'y montrer l'ami et le protecteur des vrais sans-
culottes ; il a préservé notre ville des entreprises
de l'ennemi au mois de septembre de l'année
dernière ; il s'est comporté de la manière la plus
distinguée à la bataille de Jemmapes, où il eut un
cheval tué sous lui à la tête des bataillons qu'il
commandait, et qu'il conduisit ensuite à la victoire l'épée à la main, et par le seul moyen de
la baïonnette, dans les rangs ennemis. Ce fut encore lui qui, au mois d'avril dernier, de concert
avec vos commissaires Lequinio , Cochon et Bellegarde, déjoua la trahison de l'infâme Dumouriez, et préserva notre ville des entreprises de ce
scélérat ; enfin, ses connaissances locales et notre
attachement pour lui, n'ont pas peu contribué à
prolonger une résistance qui n'est due qu'à son
courage, à sa fermeté et sur-tout à sa bravoure
et à son sang-froid dans les dangers. Il n'est pas
un de nous , il n'est pas un de nos camarades et
nos concitoyens qui, en vous demandant sa liberté

et sa justification, ne vous demande un père, un ami : nous serons autant d'otages de sa fidélité et de son républicanisme.

Citoyens législateurs, et vous surtout, Montagne sacrée, qui, par votre courage et votre persévérance, avez sauvé la patrie du fédéralisme qui voulait la gangrener, et qui êtes parvenus enfin à extirper du sein de la représentation nationale les traîtres qui voulaient faire renaître la royauté de ses cendres ; c'est à vous qu'il était réservé de former le code des nations , qui, à l'exemple des lois dictées sur le Mont-Sinaï, au milieu des orages et des tempêtes , deviendra un jour le contrat social de tous les peuples de la terre. Vous voyez en nous des victimes de la guerre : l'amour de la patrie nous a fait combattre ; nous n'avons cédé à la force qu'à la dernière extrémité ; nos malheurs sont dûs aux principes de la Montagne nationale, que nous avons toujours professés au milieu de l'aristocratie et au péril de notre vie ; vous ne nous refuserez pas la justice que nous vous demandons , et vous armerez nos bras et notre ardeur d'une nouvelle force pour repousser les satellites qui ont souillé notre territoire, et pour y venger la nation des traîtres qui l'ont outragée. Nous jurons d'exterminer jusqu'au dernier de ces brigands, et de verser jusqu'à la dernière goutte de notre sang pour le maintien de la liberté et de l'égalité. *Vive la République !*

Suivent les signatures.

Acceptation de la Constitution.

L'an mil sept cent quatre-vingt-treize, second de la République française, le seizième du mois d'Août, les soussignés, artilleurs de la première compagnie de Valenciennes, et autres citoyens de communes réfugiés à Saint-Quentin, privés jusqu'à ce jour de la faculté d'émettre leur vœu sur l'acte constitutionnel de la République française une et indivisible, présenté au peuple le vingt-quatre juin dernier, saisissent avec empressement le premier moment de leur réunion pour faire connaître aux Représentans du peuple et à la Nation entière, leur adhésion formelle audit acte; ils jurent de le reconnaître et de le maintenir dans tout son contenu jusqu'à la dernière goutte de leur sang.

Suivent un grand nombre de signatures.

Réponse du Président.

Citoyens, si le maintien des principes exige dans une République la punition des traitres et des perfides, il est aussi du devoir des Représentans du Peuple, et il est doux pour eux de le remplir, de récompenser le civisme, surtout lorsqu'il est poursuivi par le malheur. Vous fuyez votre ancien domicile, parce qu'il est déshonoré par la présence des satellites des despotes. Vous avez espéré de vous trouver au milieu de vos frères en marchant sur la terre hospitalière de la République : votre espérance ne sera pas déçue. La Convention nationale se fera rendre compte de l'objet de votre pétition ; vous devez compter sur sa justice autant que sur sa munificence, si vos droits sont assez certains ; pour pouvoir en être persuadée, elle vous admet aux honneurs de la séance.

Décret du 22 septembre 1793.

La Convention nationale, après avoir entendu la pétition des canonniers–citoyens et des autres patriotes réfugiés de Valenciennes, et sur la proposition d'un membre, décrète le mention honorable de la conduite de ces citoyens, l'impression et l'insertion au bulletin de la pétition et de la réponse du président. Renvoie la pétition au comité des secours pour en faire un prompt rapport et décrète que provisoirement il sera mis une somme de 50,000 livres à la disposition du ministre de l'intérieur, pour procurer des secours aux réfugiés de Valenciennes.

Charge son comité de la guerre de faire un prompt rapport sur la reddition de Valenciennes,

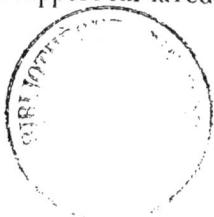

7

et sur la conduite de la garnison et de ses habitans.

Décrète en outre que les filles de Pourtalès, ex-
maire de Valenciennes , qui se trouvent actuelle-
lement à Saint–Quentin , y seront mises en état
d'arrestation , et tenues pour ôtages des citoyens
Lemoine et Goffart , administrateurs du district
de Valenciennes, qui sont retenus à Valenciennes.

Garde Nationale de Valenciennes.

LISTE

DES CANONNIERS QUI ONT COOPÉRÉ A LA DÉFENSE

DE LA PLACE.

Cette liste est très-incomplète ; elle ne comprend que 93 noms tandis qu'il y avait près de 400 hommes sous les armes. — Nous n'avons pu nous procurer le contrôle des compagnies, et nous avons dû, pour faire cette liste, consulter les souvenirs du petit nombre de canonniers qui ont survécu.

MM.

Lecocq, capitaine, absent.
Simon Massy, capitaine en second.
Dorus, capitaine.
Dupuerce, lieutenant.
Dinaux, lieutenant.
Dabancourt, sergent-major.
Fauviaux père, sergent (tué).
Honnis père, sergent
Placide, sergent.
Petit, sergent.
Bassez, caporal.
Journée père, caporal.
Joly, caporal.
Luc Marlière, caporal.
Hourdequin, caporal.
Guyolot, caporal.
Moreau, caporal.
Ménard père, caporal.

CANONNIERS.

MM.

Teinturier (blessé).
Denis.
Razé.
Danezan.
Lesens aîné.
Verdavainne aîné.
Verdavainne cadet.
Capelier.
Goube.
Bourrier.
Gillet aîné.
Francel.
Goffart.
Guidez.
Marlière fils.
Marin-Jacquemont.
Ménard fils.

MM.

Brassart.
Rombaut dit Panchelot.
Vilain (tué).
Bouchelet.
Lapied.
Berlot.
Pillion.
Dorus père.
Poirette.
Gabelle.
Nicaise.
Marcail aîné.
Wagret.
Réposte.
Hayez.
Filleur.
Valain.
Payen.
Hubert.
Chevalier.
Delcambre.
Gerard.
Bleuze.
Tilman.
Hartman.
Beau.
Danhiez.
Mauvais.
Pézin.

MM.

Martho (blessé).
Hattute.
Fauquet.
Carlier.
Labouriaux.
Delsart.
Podevin.
Dauphin.
Valentin Foucart.
Debavay (blessé).
Recq.
Berlot.
Delhaye.
Carpentier.
Gilmant.
Journée fils.
Gallet.
Val.
Goëssens.
Tarquet.
Dhuyege.
Vuybaut.
Lenglet.
Levêque.
Dupuis.
Chapuis.
Dervaux.
Membré.
Delcambre.

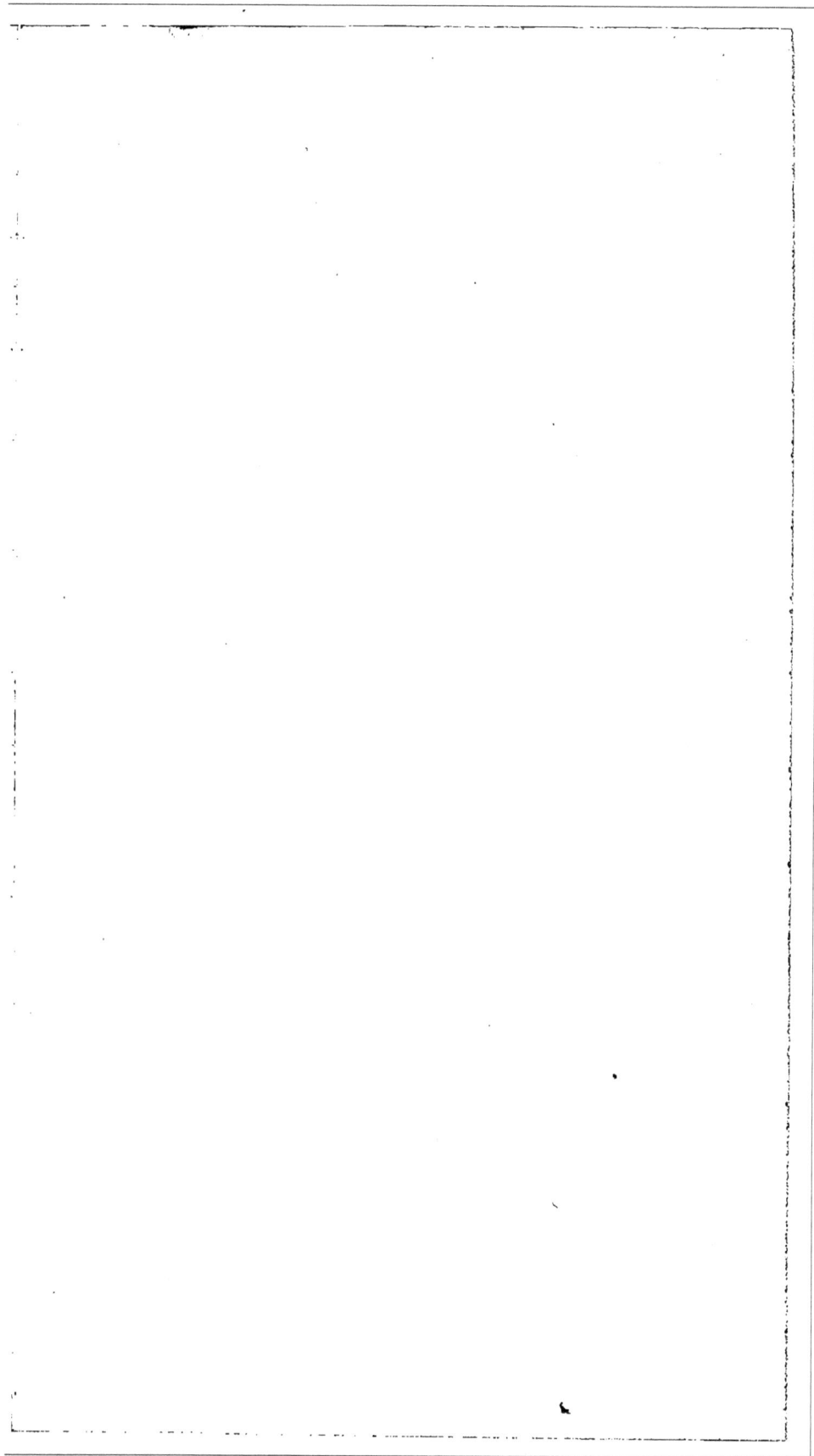

www.ingramcontent.com/pod-product-compliance
Lightning Source LLC
Chambersburg PA
CBHW052058270326
41931CB00012B/2813